D1693128

Historische Gast-Häuser und Hotels
Schottland und Nordengland

Beat Winterflood

Historische Gast-Häuser und Hotels

Schottland/Nordengland

Wo Träume wahr werden

in Zusammenarbeit mit:
Manuel Bär
Carmen Winterflood

1. Auflage

HOFFMANN VERLAG

Hinweis: Alle Eintragungen in diesem Führer erfolgten nach den Auswahlkriterien vom Autor und vom Verlag; kein Eintrag wurde gegen Bezahlung vorgenommen.
Die Fotos stammen vom Autorenteam.

Titelbild: Culzean Castle in Ayrshire, Schottland. Bild freundlicherweise zur Verfügung gestellt von The National Trust for Scotland.

Bibliografische Information Der Deutschen Bibliothek
Die Deutsche Bibliothek verzeichnet diese Publikation in der Deutschen Nationalbibliografie; detaillierte bibliografische Daten sind im Internet über **http://dnb.ddb.de** abrufbar.

© 2004 Hoffmann Verlag, Gerlingen
www.hoffmann-verlag.de
Druck und Bindung: Memminger MedienCentrum AG

Auch wenn alle möglichen Anstrengungen unternommen wurden, nur richtige und aktuelle Angaben zum Abdruck gelangen zu lassen, können weder Verlag noch Autoren eine Verantwortung für etwaige Unrichtigkeiten und deren Folgen übernehmen. Ein Anspruch auf Leistung von Schadensersatz ist daher - mit Ausnahme in Fällen des Vorsatzes - ausgeschlossen.

Die Nutzung der Bilder und/oder des Textes - auch auszugsweise - ist ohne vorherige Zustimmung des Verlages nicht zulässig und urheberrechtswidrig. Dies gilt auch bei Vervielfältigungen, Übersetzungen, Mikroverfilmung, Speicherung auf Datenträger und/oder bei gewerblicher Nutzung des Adressen- und Namenmaterials, insbesondere zur entgeltlichen Adressenveräußerung an Dritte.

ISBN 3-935834-09-8

VORWORT

Die Welt im Norden der Britischen Inseln:
Zu diesem Buch

Liebe Leserinnen und Leser,

Wer das sagenumwobene Land im Norden Europas entdekken will, braucht Zeit und Musse. Doch schon vor dem Aufenthalt kann der Genuss des Reisens beginnen. Dann nämlich, wenn Sie über Nacht das Fährschiff von Zeebrugge oder Rotterdam nach Kingston-upon-Hull benutzen. Wenn Sie dieses Buch in der Hand halten, wird Ihnen vermutlich auffallen, dass es ein wenig anders ist als andere Führer: Das Besondere an seinem Inhalt ist die Auswahl von Gast-Häusern, Hotels und Restaurants, mit denen es eine mehr oder weniger historische Bewandtnis hat. Jedes Haus – sei es ein «Coaching Inn», eine ehemalige Villa oder gar ein Schloss - wurden mit kritischer Sorgfalt ausgewählt. Sie alle habe ich persönlich aufgesucht und dabei mit dem Patron gesprochen. Ich habe die Räume besichtigt und den einen oder andern Gast nach seinem Urteil befragt. Nicht alle der während den Recherchen besuchten Häuser erfüllten meine Kriterien; von über 200 Adressen sind 150 in die engere Auswahl gekommen und 95 sind nun im vorliegenden Buch beschrieben. Mit Sicherheit gibt es weitere Herbergen, die eine Aufnahme in dieses Buch wert gewesen wären. Nordengland und Schottland mit seinen rund 800 Inseln, von denen heute rund 80 bewohnt sind, ist ein grosses Land! Sollten Ihnen, lieber Freund der britischen Inseln, auf Ihren Reisen «Gast-Häuser und historische Hotels» aufgefallen sein, die eine Aufnahme in unsere Bücher verdienen, dann lassen Sie uns dies wissen. Wir sind dankbar für Ihre Hinweise.

BEGEGNUNGEN IN SCHOTTLAND

Wer das heutige Schottland verstehen will, muss sich zuerst mit seiner Geschichte befassen. Die geographische Lage und die Struktur des Inselgebietes haben Schottlands Vergangenheit geprägt. Noch vor zehntausend Jahren bedeckten Gletscher das Land. In der Mittelsteinzeit zogen sie sich in den Norden zurück. Winde verstreuten die ersten Samen aus Albion, dem heutigen England. Und bald schon kamen die ersten Menschen nach Schottland. Über Jahrtausende entwickelte sich daraufhin Fischfang, Ackerbau, Handel und Seefahrt zu einer grossen schottischen Tradition, die wir heute noch erleben können.

Die schottische Erde gab nicht immer genügend her für die Bevölkerung. Oft waren die Kleinbauern «Crofter» auch gleichzeitig Fischer oder Fabrikarbeiter. Entsprechend einfach waren die so genannten «Croft Houses». Anfänglich bestanden die strohgedeckten Häuser aus nur einem Raum mit einem zentralen Torffeuer. Erst im 19. Jahrhundert wurden Zimmer und Kamine eingebaut. Leuchttürme strahlen ihr Licht über weite Distanzen in die Nacht hinaus. Die Schiffe erkennen die Position des Leuchtturms an der jeweiligen «Lichtmelodie». Die stummen Wächter, die schon manchem Seefahrer und Fischer den richtigen Weg gezeigt haben, finden wir an der wilden Westküste mit den vielen Buchten und Inseln. Die Schotten sind bekannt für ihre herzliche Gastfreundschaft. Die anfängliche Zurückhaltung weicht, wenn sich der Gast niederlässt und sich Zeit nimmt, um Land und Leute kennen zu lernen statt «Sehenswürdigkeiten» zu konsumieren. Vielleicht werden dann auch Sie einmal zu einem «Wee Dram» – einem kleinen Whisky - eingeladen. Die warme Meeresströmung aus Zentralamerika beeinflusst das Klima an der Westküste von Schottland wesentlich. Geschützt in einer Bucht des Loch Ewe begann Osgood Mackenzie 1862 einen Garten anzulegen, von wo aus er auch seine geliebten «Torridon» Berge sehen konnte. Im Garten findet der Pflanzenliebhaber heute grossgewachsene Bäume, Sträucher und Blumen aus Neuseeland, Tasmanien und Südamerika. Über 800 Inseln gibt es in Schottland, kaum zehn Prozent davon sind heute noch besiedelt. Die Geschichte ihrer Bewohner geht zurück auf die Jungsteinzeit, als erste Bauern die Wälder rodeten, um den Boden fruchtbar zu machen. Unterschiedlich in ihrem Charakter erleben wir die Inseln heute als Paradiese, wo Berge, grüne Weiden und kleine Siedlungen die Landschaft in ein Farbenspiel zwischen Himmel und Erde verzaubern. Islay – die westlichste Insel in diesem Buch - hat eine turbulente Geschichte mit bedeutsamer Whisky-Tradition. Im Mittelalter wurde die Insel von den «Lords of the Isles» regiert, welche ihr Zentrum auf zwei kleinen Inseln im Loch Finlaggan hatten. Von den sieben Whisky-Destillerien auf Islay ist nur eine un-

Die letzte noch verbleibende Fähre mit manuell bedientem Drehaufbau verbindet Glenelg mit Kylerhea auf der Insel Skye.

abhängig geblieben. Bei «Bruichladdich» in der Nähe von Port Charlotte werden bis zu 40-jährige Malts in Flaschen abgefüllt. „Mit der seit Mai 2003 in Betrieb stehenden Anlage bringen wir eine alte Tradition zurück auf die Insel," bemerkt Brennmeister Jim McEwan.

IM NORDEN UNTERWEGS

Wind, Meer, Sonne und Regen – so erlebt der Liebhaber den Norden der Britischen Inseln. Während die letzten Regentropfen auf grüne Weiden oder auf den aufgewühlten Atlantik fallen, tauchen die Farben des Regenbogens die Landschaft und den Himmel in eine unbeschreibliche Atmosphäre: Das Land im Nordwesten Europas wird zum Freund, dessen Begegnungen wir ein Leben lang nie mehr vergessen werden. Besonders reizvoll ist es, den Norden der Britischen Inseln im Winter kennen zu lernen. Während rund sechs Monaten reiste ich durch Nordengland und Schottland. Das Gebiet war nicht selten in eine wunderbare Schneelandschaft verwandelt. Während die Menschen das Zusammensein und die Wärme des fein riechenden Torffeuers in einem schottischen Highland-Haus genossen, tobte draussen der Schneesturm über die Berge. Wenn ich auf den Britischen Inseln unterwegs bin, bevorzuge ich – gewissermassen als Hommage an das Gastland – möglichst britische Autos von MG und Rover. Besonders im Winter schätzte ich das behagliche, wohltuende Club-Ambiente. Während den 23'500 Kilometern, welche ich für dieses Buch zurücklegte, lernte ich die Zuverlässigkeit, die exzellente Strassenlage der Wagen sowie die Sparsamkeit der Motoren kennen. Als ich an einem kalten Wintertag mit einem Rover 75 Tourer auf Islay war, begegnete mir ein Einheimischer, der stolzer Besitzer eines Rover 100 mit Baujahr 1960 ist. „The new Rovers seem to be lovely British cars," war sein Kommentar während wir zusammen in meinem Wagen Richtung Bowmore fuhren. Das erste Automobil der Marke mit dem Vikinger als Maskottchen, der Rover 8hp, rollte 1904 durch die Strassen des Königreichs. Im Jahre 1924 stellte der Ingenieur Cecil Kimber – bekannt durch seine brillante Linien- und Formgebung – seinen ersten MG, den «Old Number One» vor. Mit diesem Roadster gewann er die Goldmedaille am Rennen zwischen London und Land's End in Cornwall. In der Zwischenzeit sind über 5 Mio. Rover und über 1 Mio. MG zur Freude ihrer Besitzer gebaut worden.

BEMERKUNGEN ZUR BRITISCHEN KÜCHE

Beginnen wir am Morgen mit dem Frühstück: Nirgendwo auf der Welt ist es ein so grosses Erlebnis wie in Schottland. Auf «Glengorm Castle» auf der Insel Mull gibt es nebst dem Früchte-, Brot- und Getreidebuffet und den verschiedenen Eierspeisen auch Porridge und geräucherten Kipper! Wer schon einmal durch die britischen Inseln gereist ist, bestätigt, dass es viele chinesische, indische und italienische Restaurants gibt, die zusammen mit der echt britischen Gastronomie ein hohes Niveau erreicht hat. Die Kultur, welche etwa vor 50 Jahren mit Francis Coulson und Brian Sark in ihrem «Sharrow Bay» am Lake Ullswater begann, hat landesweit Schule gemacht. Eine gute Küche muss jedoch nicht teuer sein. Einerseits beweisen Restaurants wie das «Old Pines» in Spean Bridge, dass es zu einem feinen Essen auch einen erschwinglichen «St. Emilion» gibt und andererseits gibt es auch Pubs wie z.B. das «Highland Drove Inn» in Great Salkeld bei Penrith, wo in gepflegter Ambiente «Value for money» selbstverständlich ist und ein echter Espresso serviert wird. Wohl einmalig ist die Perfektion, mit der im «Underscar Manor» in Keswick das Essen auf den Tisch kommt. In vielen Gasthäusern steht der Besitzer selber am Herd. So jedenfalls ist es im «Coach House Swiss Restaurant» in Low Ireby bei Carlisle, wo der Schweizer Ueli Mäder hinter historischen Gemäuern mit Leib und Seele seine Gäste verwöhnt.

ZU IHREN DIENSTEN:
ÜBER DEN GEBRAUCH DIESES
REISEFÜHRERS

Die Union von England, Schottland, Wales und Nordirland wird offiziell «Vereinigtes Königreich» genannt. Im vorliegenden Buch beschränken wir uns auf Häuser, welche sich nördlich der Linie Kingston-upon-Hull (Fährhafen in Yorkshire) und der Beatles-Stadt Liverpool befinden. Um die Häuser einfach zu finden, haben wir das Buch in die vier Kapitel, nämlich «Schottland, Festland», «Schottland, Inseln», «Nordengland, Festland», «Nordengland, Inseln», aufgeteilt. Innerhalb dieser Kapitel sind die Häuser alphabetisch geordnet. Suchen Sie ein Haus in einer bestimmten Region, so empfiehlt es sich, dieses anhand der zum Buch gehörenden Übersichtskarte auszuwählen.

Welcome to the North of the British Isles!

Beat Winterflood

Gossau bei Zürich, im Januar 2004

DANK
Bei der Erarbeitung des vorliegenden Buchs wurden wir freundlicherweise unterstützt durch Caledonian MacBrayne Hebridean & Clyde Ferries, MG Rover Group, Minolta Cameras, National Trust for Scotland, P&O Ferries, VisitBritain und VisitScotland. Ihre Mithilfe ermöglichte uns, die journalistischen Qualität des Buchs und damit den Lesernutzen entscheidend zu erhöhen. Dank der Partnerschaft konnten wir auch abgelegene Orte, weniger bekannte Herbergen und Kleinode fern der Touristenströme besuchen und erleben.

Meinen Söhnen Dylan, Melvin und Joshua ins Reisegepäck

ORTE VON A - Z

INDEX

FESTLAND

Aberlady	Luffness Castle	62
Alston, Eastgate in Weardale	Horsley Hall	138
Altnaharra, Crask	Crask Inn	36
Ambleside	The Log House	148
Appleby	Tuffton Arms Hotel	178
Applecross	The Applecross Inn	2
Ardgour	The Inn at Argour	54
Aviemore	Cairngorm Hotel	20
Ayr, Maybole	Culzean Castle	40
Ballachulish	Ballachulish Hotel	10
Ballater	Station Restaurant	94
Ballater	Balgonie Country House	8
Ballater, Kildrummy	Kildrummy Castle Hotel	58
Banff, Cornhill	Castle of Park	24
Berwick-upon-Tweed, Holy Island	The Lindisfarne Hotel	190
Blackpool	The Imperial Hotel	140
Blanchland	The Lord Crewe Arms Hotel	150
Cairnbaan	Cairnbaan Hotel	18
Callander, Balquidder	Monachyle Mhor	66
Carlisle	Crown & Mitre Hotel	124
Carlisle, Crosby-on-Eden	Crosby Lodge	122
Carlisle, Westlington	Lynebank House	152
Clitheroe, Newton	The Inn at Whitewell	142
Comrie	The Royal Hotel	88
Darlington, Walworth	Walworth Castle	182
Dent	Sportsman's Inn	170
Dornoch	2Quail Restaurant	84
Dufftown, Lower Cabrach	The Grouse Inn	50
Dulnain Bridge	Muckrach Lodge Hotel	68
Eastgate in Weardale	Horsley Hall	138
Edinburgh, New Town	No. 27 Charlotte Square	72
Edinburgh, Centre	The Scotsman	90
Edinburgh, South Queensferry	Hawes Inn	52
Falkland, Markinch	Balbirnie House	6

XI

ORTE VON A - Z

Forres	Cluny Bank Hotel 32
Fort William	Distillery House 42
Fort William, Ardgour	The Inn at Argour 54
Fort William, Spean Bridge	Old Pines 76
Gairloch	The Old Inn 74
Girvan, Ballantrae	Glenapp Castle 46
Girvan, Maybole	Culzean Castle 40
Glasgow, Pollockshaws	Pollock House 80
Glasgow, Centre	The Malmaison 64
Glasgow, West End	The Town House 96
Glenrothes, Markinch	Balbirnie House 6
Gosforth, Wasdale	Wasdale Head Inn 184
Grantown-on-Spey, Dulnain Bridge	Muckrach Lodge Hotel 68
Grosmont	The Station Tavern 174
Harrogate, Ripley	Boar's Head 118
Hawes, Hardraw	Green Dragon Inn 134
Hawshead	The Queen's Head Hotel 162
Hexham	Langley Castle 144
Hexham, Blanchland	The Lord Crewe Arms Hotel 150
Huntly	Castle Hotel 22
Huntly, Lower Cabrach	The Grouse Inn 50
Inverness, Culloden	Culloden House Hotel 38
Keld	Tan Hill Inn 176
Kelso, Heiton	The Roxburghe 86
Kendal, Crook	The Wild Boar 186
Keswick	Underscar Manor 180
Keswick, Borrowdale	The Langstrath 146
Keswick, Bothel	Coach House Swiss Restaurant 120
Kilburn	Forrester Arms 130
Kilchrean	Ardanaiseig Hotel 4
Kildrummy	Kildrummy Castle Hotel 58
Kinloch Rannoch	Bunrannoch House 16
Kinlochbervie, Inshegra	Old School Hotel 78
Kirby Stephen	Augill Castle 116
Kirby Stephen, Keld	Tan Hill Inn 176
Lairg, Crask	Crask Inn 36
Lanark, New Lanark	New Lanark Mill Hotel 70
Linlithgow	Champany Inn 30

ORTE VON A - Z

Lochearnhead, Balquidder	Monachyle Mhor	66
Lochgilphead, Cairnbaan	Cairnbaan Hotel	18
Maybole	Culzean Castle	40
Mealsgate, Carlisle	Coach House Swiss Restaurant	120
Moffat	Star Hotel	92
Nairn, Auldearn	Boath House	12
North Berwick, Aberlady	Luffness Castle	62
Oban	Isle of Eriska	104
Oban, Kilchrean	Ardanaiseig Hotel	4
Peebles	Castle Venlaw Hotel	26
Penrith, Great Salkeld	The Highland Drove Inn	136
Penrith, Lake Ullswater	Sharrow Bay	168
Perth	Kinfauns Castle	60
Pickering	Pullman Dining Train	160
Pickering, Saltersgate	Saltersgate Inn	166
Pitlochry, Kinloch Rannoch	Bunrannoch House	16
Poolewe	Pool House	82
Ravenglass, Wasdale	Wasdale Head Inn	184
Ribblehead	The Station Inn	172
Richmond	Nuns Cottage	156
Ripley	Boar's Head	118
Robin Hood's Bay	The Old Chapel	158
Scarborough	The Windmill Hotel	188
Scourie, Badcall Bay	Eddrachilles Hotel	44
Settle, Newton in Bowland Forest	The Inn at Whitewell	142
Silloth-on-Solway	Golf Hotel	132
Skipton	The Devonshire Arms	126
South Queensferry	Hawes Inn	52
Spean Bridge	Old Pines	76
St. Bees	The Queen's Hotel	164
Stranraer, Kilkolm	Corsewall Lighthouse Hotel	34
Strontian	Kilcamb Lodge Hotel	56
Tain, Fearn	Glenmorangie House	48
Taynuilt, Kilchrean	Ardanaiseig Hotel	4
Thirsk, Kilburn	Forrester Arms	130
Tongue, Skerray	Borgie Lodge Hotel	14

ORTE VON A - Z

Ullapool	The Ceilidh Place	28
Westlington, Carlisle	Lynebank House	152
Whitby, Dunsley	Dunsley Hall	128
Windermere, Crook	The Wild Boar	186
York, Bishopthorpe	Middlethorpe Hall	154

INSELN

Holy Island	The Lindisfarne Hotel	190
Isle of Eriska	Isle of Eriska	104
Isle of Islay, Port Charlotte	The Port Charlotte Hotel	110
Isle of Jura, Craighouse	The Jura Hotel	106
Isle of Mull, Bunessan	Argyll Arms	98
Isle of Mull, Dervaig	Druimnacroish Hotel	100
Isle of Mull, Tobermory	Glengorm Castle	102
Isle of Mull, Tobermory	Western Isles Hotel	114
Isle of Rum	Kinloch Castle	108
Isle of Skye, Portree	Viewfield House	112

DIE HISTORISCHEN GAST-HÄUSER UND HOTELS

THE APPLECROSS INN
SHORE STREET
APPLECROSS, WESTER ROSS, IV54 8LR
TEL: 01520 744 262
FAX: 01520 744 400
E-Mail: applecrossinn@globalnet.co.uk
Internet: www.applecross.net

2

ANREISE (AUTO): Entweder von Inverness über A835, A832 und A836 nach Torridon, dem «Loch Torridon» entlang nach Applecross oder vom «Loch Ness» zum «Loch Alsh», dann Richtung Norden nach Lochcarron-Kishorn über den steilen, einspurigen «Cattle Pass» nach Applecross. Achtung: Im Winter ist der Pass oft geschlossen.

HAUS AUS DER EPOCHE: Ca. 1867.

VOM HAUS: Schon die Fahrt entlang «Loch Carron», aber auch der schneebedeckte, 626 m hohe «Cattle Pass» (Rinderpass) stimmte mich auf den abgelegenen Ort ein. Dann erblickte ich die Bucht mit seiner friedlich daliegenden Häuserzeile und der Kirche. Das rauchende Kamin des «Applecross Inn» machte mich neugierig. Beim Betreten des Gasthauses umgibt uns eine freundschaftliche Atmosphäre. An der großen Wandtafel sind die täglich wechselnden Speisen aufgeführt und hinter der Theke amtet die Besitzerin Judith Fish persönlich. „Der Name Applecross stammt weniger vom Wort Apfel, sondern vom gälischen «A'Chomraich», dem Ausdruck für heiliger Ort, wo der Fluss gefahrlos überquert werden kann." Die Fichtentäfelung in den Gästezimmern, zusammen mit den in Pastellfarben gehaltenen Wänden und Bettanzügen ergeben eine sonnige, nordische Ambiente. Ein wahrer Geheimtipp!

SCHOTTLAND FESTLAND

ÜBER SPEIS UND TRANK: „Food all day" lautet die Devise! So finden wir auf der Wandtafel Chef Claire Mansfield's «Specials» wie marinierter Heilbutt an Zwetschgensauce mit Aroma-Reis (9.95 £) oder Fisch-Curry mit Ingwer und Kokosnuss (8.95 £) ebenso wie Sandwichs (2.30 £ - 2.95 £) und hausgemachte Suppen, schmackhafte Salate, verschiedene Steaks oder lokaler Fisch vom Grill. Zum traditionell-britischen Gericht «Ploughman's Lunch» passt das mundende Dunkelbier McEwans 80 ideal. Hinter der Theke stehen ca. 40 Malt Whisky Flaschen.
ZUR UMGEBUNG: «North Applecross Woodlands» nennt sich das beliebte Touren- und Wandergebiet im Nordwesten der Halbinsel. So ist eine Fahrt der Küste entlang nach Fernmore-Kenmore und zurück via Kishorn ein Erlebnis der besonderen Art. Zuoberst auf dem «Cattle Pass» eröffnet sich uns ein Panorama, welches die Inselwelt von Skye und Raasay ebenso zeigt wie die unmittelbar vor uns liegende Bergwelt. Beliebt ist die Tageswanderung von Kenmore nach Applecross (Postbus um 9.15 Uhr). Auf Wanderungen durch die Halbinsel macht der Besucher nicht nur Bekanntschaft mit Bergen und kleinen Seen, sondern kommt auch mit dem 1.500 ha großen Naturwald und seinen «Scots Pine» in Berührung.
LEITUNG DES HAUSES: Judith Fish.
GEÖFFNET: Ganzjährig, außer Neujahr, keine Unterkunft zwischen 24. Dezember und 5. Januar.
KÜCHE: Saisonal-britisch mit internationalen Einflüssen.
ANZAHL ZIMMER: 7 / 2 Familienzimmer.
ZIMMERPREISE: 25 £ - 40 £.
FÜR DEN GAST: Gemütliche «Residence Lounge» mit Büchern, Infomaterial und TV. Regelmäßig «Live Music» in der Gaststube.

SCHOTTLAND FESTLAND

**ARDANAISEIG HOTEL
KILCHRENAN BY TAYNUILT,
ARGYLL, PA35 1HE
TEL: 01866 833 333
FAX: 01866 833 222**
E-Mail: info@ardanaiseig.com
Internet: www.ardainaiseig.com

4
ANREISE (AUTO): Drei Möglichkeiten: Von Oban oder Crianlarich über A85 (A82) nach Taynuilt, dann auf der B845 nach Kilchrenan. Beim «Kilchrean Inn» abbiegen, dann noch 3 km. Oder entlang Loch Awe von Kilmartin oder Kilmelford (beide an der A816 südlich von Oban).
HAUS AUS DER EPOCHE: 1834.
VOM HAUS: Beim Eintreten ins Haus kommen wir in ein Foyer, welches mit seinen dunkelblauen Wänden, der rot belegten Treppe, der Standuhr und den kontrastierenden Holzeinrichtungen überrascht. „Benjamin Gray, Naturalist und Antiquar aus London erwarb das Haus, um dem Gast etwas Einmaliges bieten zu können," meinte Peter Webster, welcher seit Sommer 2002 Ardanaiseig leitet. Jedes der Zimmer ist individuell gestaltet, zudem gehört ein großer Park am Loch Awe zum Haus. Das Zimmer mit dem Namen Tervine ist speziell: Die mit Intarsien belegten Möbel aus China, die roten Wände und die alten Wandspiegel, zusammen mit dem riesigen Badezimmer hinterlegten den direkten Blick auf Loch Awe auf besondere Art.
ÜBER SPEIS UND TRANK: Die Küche von Chef de Cuisine Gary Goldie passt perfekt zur Ambiente des Hauses. Abends wird zum Preis von 38.50 £ ein 5-Gang-Menü serviert, welches

SCHOTTLAND FESTLAND

weniger durch seine Quantität sondern durch seine einmalige Qualität noch lange in der Erinnerung bleibt. Z.B. Muscheln, gefolgt von Spargeln an Trüffel-Butter-Sauce, ein mit Spinat und Schinken gefülltes Lammkotelette, Kartoffelstock und Kohl. Zum Dessert ein Caramel-Souflé mit Pflaumen- und Armagnac-Eis.

ZUR UMGEBUNG: Friedlich zieht sich das 40 km lange «Loch Awe» durch die Berglandschaft. Innerhalb eines Radius von einer Autostunde treffen wir auf nicht weniger als 11 Gebirge, die höher als 900 m sind. „Wegen der klimatischen Ähnlichkeit mit dem Himalaya stammen viele Pflanzen im «Lost Garden» von Ardanaiseig aus jener fernen Gegend," bemerkte Gastgeber Peter Webster mit Stolz. In südwestlicher Richtung stoßen wir an das Gebiet des «Kilmartin Glen», wo Torffelder und Wälder in Seen übergehen und wo dank der Fruchtbarkeit des Bodens sich der Mensch seit Urzeiten niedergelassen hat. In Taynuilt sind die historischen «Bonawe Ironworks» zu besuchen, welche zwischen 1753 und 1876 englisches Eisenerz und schottische Holzkohle zu Stahl verarbeitete.

LEITUNG DES HAUSES: Peter Webster.
GEÖFFNET: Ganzjährig, außer Anfang Januar - Mitte Februar.
KÜCHE: Französisch. Ein Höhepunkt für Mund und Auge. Grosse Weinkarte.
ANZAHL ZIMMER: 16 / «Rose Cottage» für vier Personen.
ZIMMERPREISE: 41 £ - 125 £. Ab drei Nächten Dinner, Bed & Breakfast ab 62 £.
FÜR DEN GAST: Fahrrad, Ruderboot und Fischerausrüstung. Eigene Insel «Eilean a Comlraidh».

SCHOTTLAND FESTLAND

**BALBIRNIE HOUSE
BALBIRNIE PARK
MARKINCH VILLAGE BY GLENROTHES,
FIFE, KV7 6NE
TEL: 01592 610 066
FAX: 01592 610 529**
E-Mail: info@balbirnie.co.uk
Internet: www.balbirnie.co.uk

ANREISE (AUTO):   Von Edinburgh über die Forth Bridge, auf die A92 Richtung Dundee. In Glenrothes auf der A911 ostwärts.
HAUS AUS DER EPOCHE: 1777.
VOM HAUS: «Balbirnie» wird erstmals 1312 erwähnt, als der aus der Normandie in Frankreich stammende «John de Balbrennie», ein Anhänger von Robert de Bruce, die Stadt Dundee gegen König Edward II von England verteidigte. 1642 gelangte das Landgut in den Besitz der Balfours, welche das Haus 1969 an eine staatliche Planungsorganisation verkauften. „Bis zur Übernahme durch die heutigen Besitzer diente Balbirnie House als Hauptsitz der Glenrothes Development Corporation, welche die Planung und den Bau der nahegelegenen Neubaustadt Glenrothes leitete", erklärt Kenneth Wilkie, Assistant Manager im heute wieder im ursprünglichen Glanz erscheinenden Herrschaftshaus. Glücklicherweise wurden die alten Stuckaturen während der Nutzung als Bürohaus nicht zerstört.
ÜBER SPEIS UND TRANK: Mittags gibt es ein «table d'hôte menu», am Nachmittag trifft man sich zum «Afternoon Tea» und Abends zum «Dinner» in der Orangerie. Bei Kerzenlicht geht der Abend nach der Vorspeise harmonisch in den Haupt-

SCHOTTLAND FESTLAND

gang über, wo uns z.B. «Medaillions of Vension» an einer feinen Senfsauce, begleitet von liebevoll präsentierter «Rösti» überzeugte. Später werden wir in eine der vier «Lounges» gebeten, um bei Kaffee und hausgemachten Pralinen den Abend in Plüschsofas ausklingen zu lassen.

ZUR UMGEBUNG: Balbirnie House liegt inmitten des alten Königreichs von «Fife» mit seiner alten Hauptstadt Dunfermline, wo wir den Königspalast und die Abtei aus dem 12. Jh. bewundern können. Nur knapp 10 km entfernt liegt der Palast und der «Old Burgh» von Falkland. (www.nts.org.uk). Dieser wurde zwischen 1501 und 1541 erbaut und war, so wie die Geschichte schreibt, ein Ort, wo Mary, «Queen of the Scotts», ihre glücklichsten Tage verbrachte. Der Naturliebhaber findet am Süßwassersee «Loch Leven» ein Vogelparadies, welches mit seiner kleinen Insel und dem darauf liegenden Schloss einen einmaligen Tagesausflug ergibt. Über den berühmten Firth of Tay gelangt man in die alte Handels- und Jutestadt Dundee, wo es z.B. den Dreimaster «RRS Discovery» zu bewundern gibt, mit dem Scott und Shackleton zwischen 1901 und 1904 die Antarktis erforschten.

LEITUNG DES HAUSES: Rosemary und Wolfgang Spenke.
GEÖFFNET: Ganzjährig.
KÜCHE: Eine harmonische Mischung aus Schottland, England, Frankreich und Italien mit Abstechern in die Schweiz (Rösti). Saisonale Gerichte aus lokalen Frischprodukten.
ANZAHL ZIMMER: 10.
ZIMMERPREISE: 65 £ - 125 £.
FÜR DEN GAST: Vier Lounges, «Old Library Bar» mit über 100 Malt Whiskys, 168 ha großer Park, 18-Loch-Golf.

SCHOTTLAND FESTLAND

BALGONIE COUNTRY HOUSE
BRAEMAR PLACE
BALLATER, ABERDEENSHIRE, AB35 5NQ
TEL. / FAX: 013397 55482
E-Mail: balgoniech@aol.com
Internet: www.royaldeesidehotels.com

ANREISE (AUTO): A93 zwischen Braemar und Aberdeen. Balgonie House finden Sie am Dorfrand in Richtung Braemar.
HAUS AUS DER EPOCHE: 1898.
VOM HAUS: „Balgonie House wurde ursprünglich für die in Aberdeen wohnhafte Witwe Susan Haynes erbaut," bemerkt beim Empfang Moira Macdougall in perfektem Deutsch. In den 1930er Jahren wurde die im «Arts & Craft» Stil gestaltete Villa durch das sogenannte «Cookie House» ergänzt. Damals war das Haus im Besitze zweier Schwestern, von denen die eine leidenschaftliche Bäckerin war, die andere jedoch den Duft nicht leiden mochte! Auffallend am Baustil des in einem lichten Wald gelegenen Hauses ist die aufwändige Bauweise. So ist die Außenfassade mit kleinen Steinen aus dem River Dee gestaltet, Türrahmen mit Drechslereien verziert und die Kamine aus Miniaturbacksteinen gemauert. Die Zimmer sind liebevoll, ästhetisch und auch praktisch eingerichtet. Die Schränke sind perfekt in Wandnischen und Raumecken eingelassen. „Benannt haben wir unsere neun Zimmer nach den Fischbecken im River Dee," erläutert John Finnie, welcher zusammen mit seiner Frau Priscilla das Haus seit 10 Jahren führt. „Weil wir auch Gäste haben, die nur zum Essen zu uns kommen, gibt es im Haus einen «Powder Room», wo sich die Damen frischmachen und umziehen können."

SCHOTTLAND FESTLAND

ÜBER SPEIS UND TRANK: Abends wird im Balgonie House zum Preis von 32.50 £ ein klassisches 4-Gang-Menü serviert.
ZUR UMGEBUNG: „Die schönste Jahreszeit in Ballater ist der Winter", schwärmt Moira Mcdougall während sie uns Fotos von der schneebedeckten Landschaft zeigt. Dann hat es auch sehr wenige Touristen im Ort. Einige kommen zum Langlauf oder zum Skifahren ins Tal. Als ich das erste Mal von Perth her kommend über Glenshee ins Royal Deeside kam, fegte ein Schneesturm über die wilde Berglandschaft. Nach der Fahrt über den einsamen Pass erkannte ich im Scheinwerferlicht die verträumten Märchenstädtchen Braemar und Ballater, wo in einigen Häusern noch die Lichter brannten. Am Morgen lachte die Sonne über der unberührten Schneelandschaft. Die Wanderung durch den Pulverschnee von Mar Lodge Richtung «Linnie of Dee» bleiben mir noch lange in guter Erinnerung. Das 1895 vom Duke of Fife errichtete Schloss gehört heute dem National Trust for Scotland und beherbergt fünf großzügige Ferienwohnungen. Infos unter www.nts.org.uk.
LEITUNG DES HAUSES: Priscilla und John Finnie.
GEÖFFNET: Ganzjährig, geschlossen zwischen 2. Januar und Valentinstag.
KÜCHE: Modern britisch.
ANZAHL ZIMMER: 9.
ZIMMERPREISE: 50 £ - 75 £. 10 Prozent Ermäßigung ab 2 Nächten.
FÜR DEN GAST: Gemütliche Hausbar mit etwa 30 Malt Whiskys. Sonnenterrasse und Park.

SCHOTTLAND FESTLAND

BALLACHULISH HOTEL
BALLACHULISH, HIGHLAND, PH49 4JY
TEL: 01855 821 582
FAX: 01855 821 463
E-Mail: reservations@freedomglen.co.uk
Internet: freedomglen.co.uk

ANREISE (AUTO):   Etwa 20 km südlich von Fort William treffen Sie auf die Brücke von Ballachulish, an deren Südseite sich das Hotel befindet.

HAUS AUS DER EPOCHE: Ältester Teil aus dem 15. Jh., Fassade aus dem 19. Jh.

VOM HAUS: Das Hotel liegt unmittelbar an der engen Meeresstelle, wo Loch Leven ins Loch Linnhe übergeht. Bis 1975 stellte die «Ballachulish Ferry» die Verbindung ans Nordufer sicher. Der Verkehrsknotenpunkt mit Eisenbahn (nach Oban, bis 1964 in Betrieb) und Fähre (Autos wurden bereits im Jahre 1906 transportiert) prägte die Gestalt des Gebäudekomplexes. So treffen wir auf die ehemaligen Stallungen, die Auto-Garage wie auch auf die «Ferry Inn», wo so mancher Reisende auf die Überfahrt wartet. „Die historische Gaststube besteht seit über 300 Jahren," bemerkte John Barclay während aus dem alten Musikautomaten „Strangers on the Shore" erklang. Über eine hölzerne Treppe, vorbei an historischen Bildern, gelangen wir zu unserem Zimmer, das uns einen direkten Ausblick auf den Loch Leven und die Eisenbrücke eröffnet.

ÜBER SPEIS UND TRANK: Nach dem reichhaltigen Frühstücksbuffet kommt während des Tages kaum Hunger auf. Später genießt man im «Leaping Salmon Restaurant» die von Chef Mark Murray zubereiteten Speisen.

SCHOTTLAND FESTLAND

ZUR UMGEBUNG: Im Hotel liegt eine der übersichtlichsten und informativsten Dokumentationen für den Gast auf. Thematisch und nach Distanz gegliedert wird aufgezeigt, wie vielseitig die Gegend ist. Während im Winter an den 20 Autominuten entfernten Nordhängen des «Meall a'Bhuiridh (www.ski-glencoe.co.uk) Ski gefahren wird, genießen wir im Sommer überwältigende Gebirgs- und Loch-Szenen im «Glen Etive». Die an Industriehistorie Interessierten fahren ins 16 km entfernte Kinlochleven, wo zwischen 1907 und 2000 Aluminium hergestellt wurde. „Das Wasser zur Elektrizitätserzeugung stammte vom 948 m langen «Blackwater Dam», welcher sich im «Rannoch Moor» befindet," erklärte ein Kraftwerk-Mitarbeiter während wir die alten Escher Wyss-Turbinen bestaunen. „Nachdem das Werk geschlossen wurde, liefern wir heute etwa 20 MW ans Netz." Dort, wo früher Anoden hergestellt wurden, braut heute Neill Cotton und seine Crew vier Bierspezialitäten. «The Aluminium Story Visitor Centre» im Zentrum von Lochleven zeigt einen Dokumentarfilm über die Entstehung des Dorfs und des Aluminiumwerkes.

LEITUNG DES HAUSES: Graeme Robertson.
GEÖFFNET: Ganzjährig, inkl. Weihnachten und Neujahr. Restliche Zeit im Dezember und Januar geschlossen.
KÜCHE: Traditionell britisch.
ANZAHL ZIMMER: 54.
ZIMMERPREISE: 55 £ - 120 £ für Dinner, Bed & Breakfast.
FÜR DEN GAST: Moderne «Cocktail Bar», «Ferry Inn» und «Leaping Salmon Restaurant», «Leisure Centre» in Glencoe.

SCHOTTLAND FESTLAND

**BOATH HOUSE
AULDEARN
NAIRN, HIGHLANDS, IV12 5TE
TEL: 01667 454 896
FAX: 01667 455 469**
E-Mail: wendy@boath-house.demon.co.uk
Internet: www.boath-house.com

ANREISE (AUTO):   Unser Haus finden Sie ca. 2 km östlich von Nairn an der Hauptstrasse A96 Inverness – Aberdeen inmitten eines bewaldeten Parks.

HAUS AUS DER EPOCHE: 1825

VOM HAUS: „Gebaut wurde unser in einem 8 ha großen Park gelegenes Haus von Archibald Simpson aus Aberdeen, welcher auch das bekannte Haddo House und die Huntly Lodge (heute Castle Hotel) entwarf," erläutert Gastgeberin Wendy, während wir gemütlich im «Drawing Room» zusammensitzen. Der Gastraum stellt eine Mischung aus einer Kunstsammlung und Sofas dar, die zum Verweilen einladen. So entdecken wir James Hawkins farbiges Ölbild von Knoydart (bei Mallaig) und auch Aquarelle von Martin Oates von der Westküste Schottlands. Die familiäre, warme Atmosphäre des Hauses geht einher mit der Tatsache, dass es nur sechs Gästezimmer im Boath House gibt. Verwöhnt werden die Gäste nicht nur kulinarisch. Im «Health & Beauty Spa» können (gegen Bezahlung) die verschiedensten Therapien besucht werden.

ÜBER SPEIS UND TRANK: In der Slow-Food-Küche amtet Charles Lockley. Das abendliche 5-Gang-Menü zu 39.50 £, wechselt täglich. Über Mittag gibt es ein 4-Gang-Lunch zu 29.50 £. «Slow Food» heißt z.B., dass das Ofen-Kaninchen schon

SCHOTTLAND FESTLAND

am Vorabend in einer Marinade aus Bouillon, Cabernet Sauvignon, Speckwürfel, feingehackten Zwiebeln und Butter eingelegt wird. „Noch sind nur wenige Restaurants in Schottland der 1989 in Italien gegründeten Slow-Food-Bewegung (www.slowfood.com) angeschlossen," ergänzt Wendy. Doch das Ende Juni stattfindende «Moray & Highland Slow Food Convivium» findet steigende Beachtung.

ZUR UMGEBUNG: Geradezu einladend für Entdeckungen zu Fuß ist das 2 km entfernte Meer des Moray Firth mit seinen langen, unberührten Sandstränden, seinen Feuchtgebieten und der darin beheimateten Vogelwelt. Die Gegend gilt als eine der größten Dünenlandschaften der britischen Inseln. Im nahegelegenen Hafenstädtchen Nairn gibt es neben kleinen Geschäften und Cafés ein bereits 1858 gegründetes Heimatmuseum. In Fußdistanz liegt auch Brodie Castle, welches vom National Trust for Scotland unterhalten wird. Reizend sind hier nicht nur die Louis XV-Möbel, sondern auch das viktorianische Kinderzimmer. Im zwischen April und September geöffneten Haus gibt es auch ein Tea Room. In Forres entdecken wir die «Findhorn Bay» mit seinen Sandstränden und dem «Eco-village», interessant für Kunstliebhaber und Freunde der nachhaltigen Wirtschaft. Näheres finden Sie unter www.findhorn.org.

LEITUNG DES HAUSES: Wendy und Don Matheson.
GEÖFFNET: Ganzjährig, außer 24. bis 27. Dezember.
KÜCHE: Slow-food, britisch-saisonal.
ANZAHL ZIMMER: 6.
ZIMMERPREISE: 75 £ - 100 £. Ermäßigungen ab 2 Nächten.
FÜR DEN GAST: «Health & Beauty Spa», «Boath House Events» wie Kochkurse, Weinproben, Highland Food Festival, Kürbis-Abend.

SCHOTTLAND FESTLAND

**BORGIE LODGE HOTEL
SKERRAY
TONGUE, SUTHERLAND, KW14 7TH
TEL. / FAX: 01641 521 332**
E-Mail: info@borgielodgehotel.co.uk
Internet: www.borgielodgehotel.co.uk

ANREISE (AUTO): An der A836, welche Lairg mit John o'Groats verbindet. Nach Tongue sind es noch ca. 10 km.

HAUS AUS DER EPOCHE: Ehemaliges «Factor's House». Seit 1940 ein Hotel.

VOM HAUS: 120 km nördlich von Inverness liegt das Borgie Lodge Hotel. „Früher wohnte hier einer der Verwalter von «Sutherland Estate»," erklärt Peter Macgregor bei meiner Ankunft im etwas versteckt in einer Baumgruppe liegenden Haus. Peter, welcher ursprünglich aus Stirling kommt, lebt seit 20 Jahren mit seiner Frau Jacqui in der Gegend. 1993 kauften sie das kleine Hotel. Beim Eintreten begegnen wir Hirschgeweihen. Alte Bilder zeigen das Haus in den 1920er Jahren. Wenig hat sich am Äußeren geändert, vieles jedoch beim Komfort in den Zimmern. Die schlichte Täfelung wurde belassen, neu sind Bad und Zentralheizung, welche heute das offene Kaminfeuer ergänzt. Zusammen mit dem Teppich im typischen «Clan Sutherland» Tartan blieb der ursprüngliche Jagdhaus-Stil erhalten

ÜBER SPEIS UND TRANK: „In unserem «Walled Garten» mit dem Treibhaus wächst das frische Gemüse und die Beeren, welche wir in unserem 4-Gang-Menü (30 £) verwenden," bemerkt Jacqui Macgregor. Auf der täglich wechselnden Karte steht z.B. Wildlachs an einer «Cucumber Pickle» Sauce, gefolgt

SCHOTTLAND FESTLAND

von einer Sellerie-Blaukäse-Suppe. Zum Hauptgang gibt es drei Varianten wie z.B. «Borgie Glen Venison Casserole» an Rotweinsauce oder Heilbutt begleitet von einem liebevoll mit Schillerlocken-Streifen garnierten Risotto.

ZUR UMGEBUNG: Schottlands Nordwesten mit seiner Felsküste, den geschützt in Buchten liegenden Siedlungen, den vorgelagerten Inseln und der praktisch unberührten Gras- und Berglandschaft gehört zu einer der letzten großen Geheimnisse in Europa. Von Melvich über Bettyhill her kommend, durchfährt der Besucher eine gewundene Küstenstrasse, offiziell «West Highland Tourist Route» genannt. Neben der atemberaubenden Landschaft ist Sutherland auch ein Gebiet, wo der geschichtsinteressierte Besucher die «Clearance of the Highlands» nacherleben kann. Fährt man von Bettyhill südwärts ins fruchtbare Tal von «Strath Naver», so sieht man Überreste dieser ehemaligen Siedlungen, aus denen die einfachen Landbewohner vor 200 Jahren vertrieben wurden. Fahren wir ostwärts der Küste entlang, so treffen wir nach Tongue erst wieder im 50 km entfernten Durness auf die nächste Ortschaft.

LEITUNG DES HAUSES: Jacqui und Peter Macgregor.
GEÖFFNET: Ganzjährig, außer Weihnacht/Neujahr.
KÜCHE: Traditionell und schottisch.
ANZAHL ZIMMER: 8.
ZIMMERPREISE: 45 £ - 60 £.
FÜR DEN GAST: «Trout Fishing» auf acht Seen in der Umgebung.

SCHOTTLAND FESTLAND

**BUNRANNOCH HOUSE
KINLOCH RANNOCH
NEAR PITLOCHRY, PERTHSHIRE, PH16 5QB
TEL: 01882 632 407**
E-Mail: bun.house@tesco.net
Internet: www.bunrannoch.co.uk

ANREISE (AUTO): Von der A9 Glasgow-Perth-Inverness in Pitlochry auf die B8079, dann nach 2 km auf die B8019. Nach 30 km erreichen Sie Kinloch Rannoch. Bunrannoch House ist etwa 1 km südlich der Ortschaft.
HAUS AUS DER EPOCHE: 1860.
VOM HAUS: Kinloch Rannoch ist etwas vom Feinsten, was ich kennen- und schätzen lernen durfte! Nach der Ankunft wird der Gast in den «Sitting room» gebeten, wo Jenny's berühmter «Afternoon Tea» nach kurzer Zeit serviert wird. Es duftet nach frischen Blumen, welche in Harmonie mit den Stillleben, Landschaften und Portraits aus dem Tessin und Italien das Lebensgefühl in einer südländischen Villa aufkommen lässt.
ÜBER SPEIS UND TRANK: Im Übernachtungspreis eingeschlossen sind der «Afternoon Tea» ebenso wie Apéro-Getränke. „Das 3-Gang-Menü ist immer ein «Menue Surprise»," erklärt Jenny während wir bei Kerzenlicht im «Dining Room» sitzen und Tochter Sam ofenfrisches Brot serviert. Nach der Vorspeise versetzte uns «Collops of salmon & cod fillet with tarragon cream sauce» zusammen mit einer Gemüseplatte in Staunen. Zum Dessert gab's «Tipsy laird», eine schottische Spezialität bestehend aus frischen Beeren, daruntergezogenen Kuchenstücken und Schlagrahm, welche mit Marmelade und Whisky abgerundet war.

SCHOTTLAND FESTLAND

ZUR UMGEBUNG: Das Ost-West orientierte Tal mit «Loch Rannoch» ist ein kleines Paradies für sich. Fahren wir dem See entlang zur 25 km entfernten «Rannoch Station», so schweifen wir durch eine einmalig schöne Moorlandschaft. So kam es, dass ich mit dem Zug bis «Corrour Station» fuhr und von dort über das «Loch Ossian», vorbei am ehemaligen Lungensanatorium, wieder zurück zum einsam dastehenden Bahnhof wanderte. Heute lädt der ehemalige Wartsaal auf dem Bahnsteig als «Rannoch Station Tea Room» ein. Eine andere Geschichte ist «Edradour» - Schottlands kleinste Whisky-Destillerie. Das idyllisch gelegene Brennhaus befindet sich eine halbe Autostunde von Bunrannnoch House entfernt auf einer Anhöhe ob Pitlochry. Die 1825 gegründete Destillerie, die heute zu Andrew Symingtons «Signatory Vintage» gehört, verwendet heimische Gerste und ihre Brennblasen sind die kleinsten in ganz Schottland. Zusammen mit dem aus Torf und Granit aufsteigenden Wasser ergibt sich ein üppiges, lebhaftes Destillat.
LEITUNG DES HAUSES: Jennifer und Keith Skeaping.
GEÖFFNET: März - November.
KÜCHE: «Casa Linga» oder zu deutsch «Hausgemacht wie auf Grossmutter's Sonntagstisch».
ANZAHL ZIMMER: 7.
ZIMMERPREISE: 23 £ - 25 £. Dinner, Bed & Breakfast 44 £.
FÜR DEN GAST: «Sitting Room» als Gäste-Wohnzimmer, «Afternoon Tea» inbegriffen.

SCHOTTLAND FESTLAND

**CAIRNBAAN HOTEL
CAIRNBAAN
BY LOCHGILPHEAD, ARGYLL, PA31 8SJ
TEL: 01546 603 668
FAX: 01546 606 045**
E-Mail: cairnbaan.hotel@virgin.net
Internet: www.cairnbaan.com

ANREISE (AUTO): Von Glasgow / Loch Lomond in Tarbert auf die A83 Richtung Campbeltown bis Lochgilphead, dann auf der A816 ca. 3 km Richtung Oban.
HAUS AUS DER EPOCHE: Als «Coaching Inn» 1802 erbaut.
VOM HAUS: Der markanteste und älteste Teil des Hauses, welcher aus grauen Natursteinen gebaut ist, geht zurück ins Jahr 1802, als der «Crinan Canal» gebaut wurde. Dieser verbindet mit seiner Länge von 15 km Ardrishaig am Loch Fyne mit Crian am «Sound of Jura». „Damit wurde die oft gefährliche Fahrt der Handelsschiffe von Glasgow zu den Hebriden-Inseln wesentlich kürzer und sicherer," bemerkte Darren Dobson, welcher lange Zeit auf der «Queen Elizabeth II» zur See fuhr. In den 30er Jahren verschwanden die Frachter allmählich und heute fährt nur noch der Schlepper «Vic 32» mit Kohle beladen durch den Kanal. In der Cocktail Bar treffen sich Einheimische, Segler und Touristen. Die Segler vertäuen ihr Schiff neben dem Haus bei der Schleuse und genießen den einzigen Pub am Kanal. Die Einheimischen erzählen Geschichten, deren zufolge auch schon Bill und Hillary Clinton hier in der Bar gewesen sein sollen!
ÜBER SPEIS UND TRANK: Gut und gepflegt kann man hier speisen. Nach Jahren im Loch Melfort Restaurant kam Chef David Galt wieder zurück ins Cairnbaan, weil es angenehm sei

SCHOTTLAND FESTLAND

mit Christine und Darren zusammenzuarbeiten. Seine «Today's Specials» sind geprägt von Fisch und Krustentieren, wo wir z.B. «Tarbert landed Langoustines» zu 10.25 £ oder «Grilled Islay Scalopps» für 9.25 £ finden. Zum Dessert, der einheitlich 4.25 £ kostet, gibt es Leckereien wie «Rasberry Cheese Cake» oder Vanille Pannacotta mit verschiedenen Beeren.

ZUR UMGEBUNG: Spannend ist die Kanalschleuse. Mit etwas Glück werden wir Zeuge eines Hub- oder Senkvorgangs. „Sieh wie die Welt vorbeizieht", fasst ein Einheimischer die Stimmung am «Crian Canal» zusammen. Auf das offene Meer treffen wir 10 km entfernt in Crinan, wo der Kanal endet. In Richtung Oban heisst die Gegend «Kilmartin Glen». Es ist eine Gegend, wo Torffelder und Wälder in Seen übergehen. Interessant sind auch die Ausgrabungen und die Steinkreise. Aus neuerer Zeit sind «Inveraray Castle» und «Arduaine Garden», beide etwa 30 km entfernt. Während uns das Schloss Einblick in den Clan Campbell gibt, zeigt uns der direkt am Meer liegende, 8 ha grosse Garten eine Pflanzenwelt, welche sehr stark vom wärmenden Golfstrom an der Westküste Schottlands profitiert. Einen Besuch wert ist auch das Freilichtmuseum von Auchindrain am Loch Fyne.

LEITUNG DES HAUSES: Christine und Darren Dobson.
GEÖFFNET: Ganzjährig.
KÜCHE: Täglich wechselnde Karte, mit frisch zubereiteten Fisch- und Krustentieren.
ANZAHL ZIMMER: 11.
ZIMMERPREISE: 50 £ - 75 £.
FÜR DEN GAST: «Residence Lounge» mit schwarzem Spencer-Flügel zum Spielen. «Cocktail Bar» mit 30 Malt Whiskys und diversen Cognacs.

SCHOTTLAND FESTLAND

**CAIRNGORM HOTEL
GRAMPIAN ROAD
AVIEMORE, INVERNESS-SHIRE, PH22 1PE
TEL: 01479 810 233
FAX: 01479 810 791**
E-Mail: reception@cairngorm.com
Internet: www.cairngorm.com

ANREISE (AUTO):   Der Ort liegt an der A9 Perth-Inverness. Das Hotel finden Sie gegenüber dem Bahnhof.
HAUS AUS DER EPOCHE: 1903.
VOM HAUS: „Begonnen hat die Geschichte des Cairngorm Hotels, als die Eisenbahn anfangs des 20. Jh. In ihrer Blüte stand," erinnert sich der Historiker George Dixson. Damals konnte man mit der Bahn von Aviemore nach Grantown-on-Spey und Forres wie auch nach Inverness fahren. Nachdem das benachbarte «Aviemore Station Hotel» (Baujahr 1901) in den 50er Jahren abbrannte, wurde das «Cairngorm» zum ältesten Hotel am Ort. Seit den 1960er Jahren gilt Aviemore mit seinen Cairngorms als beliebtes Wintersportgebiet und entsprechend wurden neue Infrastrukturen gebaut. Peter Steinle hat das Innere seines historischen Hauses im schottischen «Lodge» Stil – das heißt mit Tartan-Muster und Hirschgeweihen – einladend gestaltet. Während wir im Erdgeschoss den «Coffee Shop», die «Cairngorm Lodge» und das «Restaurant» finden, erreichen wir über eine großzügige Holztreppe die Gästezimmer.
ÜBER SPEIS UND TRANK: Gut und vielseitig kann man im Cairngorm Hotel speisen: Während in der Bar – welche an ein Bistro in Paris erinnert – vor allem Snacks gereicht werden, kann man abends im Restaurant ab 19 Uhr in Ruhe die à-la-

SCHOTTLAND FESTLAND

Carte-Gerichte genießen. Ein besonderes Erlebnis ist das jeden Donnerstag angebotene «Cairn's Hot Highland Buffet» zu 9.25 £, wo schottische Spezialitäten wie «Haggis», «Stovies», Wildkasserolle und vieles mehr à discrétion gereicht werden.
ZUR UMGEBUNG: Aviemore – in einem Hochtal am Oberlauf des «River Spey» gelegen – ist bekannt als Touristendestination. Die meisten Besucher kommen zum Wandern im 250 km^2 großen «Cairngorm» Nationalpark oder zum Wintersport (www.cairngormmountain.com). St. Moritz in den Schweizer Alpen war das grosse Vorbild. Das Hochtal und das «Spey Valley» laden ein, erfahren zu werden. Stilvoll geht es mit der «Strathspey Steam Railway» -Fahrplan unter www.strathspeyrailway.co.uk- von Aviemore Richtung Grantown-on-Spey. Whiskyfreunde finden im 40 km entfernten Dalwinnie die «Dalwinnie Distillery», wo ein aromatischer Malt mit einem leichten Heidekraut-Geschmack hergestellt wird.
LEITUNG DES HAUSES: Peter Steinle.
GEÖFFNET: Ganzjährig.
KÜCHE: Typische, gutbürgerliche schottische Küche. Grosse Auswahl, «All Day Lunch».
ANZAHL ZIMMER: 32.
ZIMMERPREISE: 31.50 £.
FÜR DEN GAST: «Cairn Sessions», regelmässig stattfindende Konzerte mit schottischer, irischer und keltischer Life-Musik.

SCHOTTLAND FESTLAND

**CASTLE HOTEL
HUNTLY, ABERDEENSHIRE, AB54 4SH
TEL: 01466 792 696
FAX: 01466 792 641**
E-Mail: castlehot@entreprise.net
Internet: www.castlehotel.uk.com

ANREISE (AUTO):   Huntly liegt an der A96, welche Aberdeen mit Inverness verbindet.
HAUS AUS DER EPOCHE: 1769.
VOM HAUS: Das Hotel liegt im grossen Park, welcher die Ruinen des «Huntly Castle» umgeben. „Der bekannte Architekt Archibald Simpson verwendete für den Bau des neuen Familiensitzes des Duke of Gorden Steine des alten Schlosses," bemerkt Nikki Meiklejohn. Das damals «Huntly Lodge» genannte Haus wurde 1924 verkauft und später als Spital genutzt. Heute ist das «Castle Hotel» im Besitze der Familie Meiklejohn, welche mit Millioneninvestitionen das Haus umgestaltet hat. „Begonnen haben wir bei der Technik und den Sanitärinstallationen," meint Vater Andrew Meiklejohn, welcher mit seiner Frau Linda und den Kindern Stuart und Nikki das 18-Zimmer-Hotel persönlich führt. „Für uns ist wichtig, dass sich der Gast während des Aufenthalts wohlfühlt. Dazu gehört auch ein gutes Preis-Leistungsverhältnis," erzählt der mehrsprachige, ehemalige Reeder. So kommt es, dass das beliebte Haus oft ausgebucht ist. Die Atmosphäre ist informell, familiär, kosmopolitisch und entspannt. Alle Zimmer sind nach Schiffen benannt.
ÜBER SPEIS UND TRANK: Während man in der Bar, wo Sohn Stuart hinter der Theke steht, mit Snacks und leichten Gerichten bedient wird, werden im «Dining Room» mit Blick auf den

SCHOTTLAND FESTLAND

Park Menüs mit weißen Tischtüchern, Silberbesteck und Leuchtern umrahmt aufgetragen. Zum Preis von nur 12 £ gibt es auch ein hitverdächtiges, täglich wechselndes 3-Gang-Menü, welches z.B. mit einer Karotten-Koriander-Blumenkohlsuppe beginnt und über ein Poulet an Tarragon-Rahmsauce bei «Sticky Toffee» mit Eis endet.

ZUR UMGEBUNG: Huntly liegt inmitten der Kornkammer Schottlands. Diese fruchtbare Gegend ist auch die Heimat vieler Nahrungs-, Whisky- und Bekleidungshersteller. So finden wir in Huntly selbst die Fabrikation von «Dean's» Shortbread und Oatcakes (www.deans.co.uk). „Huntly inmitten einer reizvollen Gegend ist ideal für unsere «Castle Tours», welche wir für die Hotelgäste organisieren," bemerkt Nikki Meiklejohn. In der näheren Umgebung finden wir «Kildrummy Castle» mit dem liebvoll angelegten Garten. Das zwischen 1575 und 1635 erbaute, mittelalterliche «Castle Fraser» bei Inverurie ist ein großer architektonischer Gegensatz zum «Haddo House» bei Oldmeldrum, welches von Archibald Simpson im 18. Jh. errichtet wurde. In jener Zeit wurde es in der wohlhabenden Gesellschaft Mode, die bewehrten Schlösser mit den dicken Mauern und den kleinen Fenstern zu verlassen um in ein neues, lichtdurchflutetes «Country House» umzuziehen.

LEITUNG DES HAUSES: Familie Meiklejohn.
GEÖFFNET: Ganzjährig, außer zwei Wochen nach 2. Januar.
KÜCHE: Klassisch französisch-britisch. Grosse Weinkarte.
ANZAHL ZIMMER: 18 / 1 Suite.
ZIMMERPREISE: 34 £ - 53 £, je nach Zimmertyp und Saison.
FÜR DEN GAST: Ball- und Konferenzraum. Castle Tours (www.castle-tours.co.uk). Öffentliches Schwimmbad in Huntly.

SCHOTTLAND FESTLAND

**CASTLE OF PARK
CORNHILL, ABERDEENSHIRE, AB45 2AX
TEL. / FAX.: 01466 751 111**
E-Mail: booking@castleofpark.net
Internet: www.castleofpark.net

ANREISE (AUTO):   Von der A96 Aberdeen-Inverness in Keith nordwärts auf die A95. Cornhill finden Sie ca. 10 km vor dem Küstenort Banff.
HAUS AUS DER EPOCHE: 1597.
VOM HAUS: Castle of Park mit seinem markanten Nordturm wurde im Jahre 1597 für Sir William Gordon, dem ersten «Laird of Park» erbaut. Das Z-Plan-Schloss hatte damals einen rechteckigen Hauptbau mit je einem angebauten Turm im Nordosten und im Südwesten. Betrachtet man das rosa verputzte Haus aus der großzügigen, westseitig angelegten Parkanlage, so kann man die ältesten Bauteile trotz der Dominanz des erst 1829 angebauten Turms im mittelalterlichem Stil ausmachen: „Zu Zeiten von Sir Walter Scott war es in Schottland Mode, die Schlösser optisch mit einer neuen Fassade ins Mittelalter zurückzuversetzen", bemerkt Lois Breckon, eine Nachfahrin der Gordons of Park. Betreten wir das Schloss, so kommen wir in Gast-Räume, die Lois und Bill mit zeitgenössischen Antiquitäten gepflegt eingerichtet haben. Auch im Zimmer fühlt man sich zuhause. Sherry mit Früchten, Tee, Kaffee und Biskuits stehen ebenso bereit wie ein Sofa zum Ausspannen.
ÜBER SPEIS UND TRANK: Die Küche von Lois und Bill ist ein Spiegel der feinsten schottischen und italienischen Spezialitäten. Am Abend wird das 4-Gang-Dinner bei Kerzenlicht serviert. Ein Sherry zum Apéro, eine Flasche Wein wie ein Malt

SCHOTTLAND FESTLAND

Whisky zur Abrundung des feinen Essens sind im Pauschalpreis inbegriffen.

ZUR UMGEBUNG: Die reizvolle Umgebung beginnt unmittelbar beim Schloss: Einerseits lädt der Park mit den alten Bäumen zu einem Spaziergang ein und andererseits machen die Kornfelder von Aberdeenshire neugierig. Bekannt sind «Fyvie Castle», «Haddo House» und «Pitmedden Garden» bei Oldmeldrum sowie die südlich von Huntly gelegene «Leith Hall». Alle historischen Häuser gehören dem National Trust for Scotland (www.nts.org.uk). Der Ausflug nach Pitmedden Garden führt uns zu einem Nutz- und Ziergarten, wie er gegen Ende des 17. Jh. angelegt wurde. Fahren wir von Cornhill Richtung Norden, so treffen wir nach 10 km auf die Küste, welche durch den malerischen «Coastal trail» bekannt ist. Besonders schön ist die Strecke zwischen Buckie und Cullen, wo sich Felsküste und goldfarbene Sandstrände abwechseln. Fährt man von Cornhill westwärts, so sind wir bald im verwinkelten Tal des River Spey, bekannt durch den «Whisky Trail», an dem die «Knockdhu Distillery» die erste Station auf dem Weg zur Whisky-Stadt Keith ist.

LEITUNG DES HAUSES: Lois und Bill Breckon.
GEÖFFNET: Ganzjährig.
KÜCHE: Das Beste aus Schottland.
ANZAHL ZIMMER: 7.
ZIMMERPREISE: 90 £ für Dinner, Bed & Breakfast. Minimum drei Nächte.
FÜR DEN GAST: Regelmäßig werden Aquarell- und Malkurse unter kundiger Leitung von ausgewiesenen Mallehrern, sowie auch «Whisky Tastings» angeboten.

SCHOTTLAND FESTLAND

**CASTLE VENLAW HOTEL
EDINBURGH ROAD
PEEBLES, BORDERS, EH45 8QG
TEL: 01721 720 384
FAX: 01721 724 066**
E-Mail: enquiries@venlaw.co.uk
Internet: www.venlaw.co.uk

ANREISE (AUTO):   Peebles liegt ca. 40 km südlich von Edinburgh an der A703.
HAUS AUS DER EPOCHE: 1782.
VOM HAUS: Castle Venlaw wurde im Jahre 1782 für Alexander Stevenson, dem damaligen Sheriff von Peebleshire, gebaut. Im Jahre 1949 wurde aus dem einmalig schön über der Kleinstadt gelegenen Haus ein Hotel. Das Innere ist heute in einem sehr guten Zustand, liebevoll in seinen historischen Ursprungszustand zurückversetzt. Beim Eintreten fühlt man sich auf Anhieb wohl. Besonders reizvoll ist es, bei Schneefall hier anzukommen, um nach kurzer Fahrt durch den verschneiten Wald vor einem verzuckerten Märchenschloss zu stehen.
ÜBER SPEIS UND TRANK: Abends trifft man sich zum «Dinner», das zwischen 23 £ und 26 £ kostet. Während Chef Andrew McQueen in der Küche wenn immer möglich Zutaten aus den «Scottish Borders» verwendet, geht der Abend bei Kerzenlicht und Blick auf die Lichter der Stadt nach der Vorspeise harmonisch in den Hauptgang über, wo uns z.B. eine Kasserolle mit Meeresfrüchten und Fisch, an einer feinen Anissauce, begleitet von liebevoll präsentierten Kartoffelkroketten überzeugte. Später werden wir in die «Library Bar» gebeten, um bei einem Malt den gemütlichen Abend ausklingen zu lassen.

SCHOTTLAND FESTLAND

ZUR UMGEBUNG: Besonders reizvoll ist es, durch den umgebenden Park zu spazieren. Während die Sonne über den im Süden liegenden Bergen aufgeht, hoppern kleine Wildhasen an uns vorbei. Blicken wir Richtung Südwesten, so erkennen wir die friedlich daliegende Kleinstadt am River Tweed. Heute ist Peebles mit seinen 7000 Einwohnern ein lebendiger Ort, wo im Mai ein Jazz-Festival und im September die «Highland Games» stattfinden. Nur 10 km entfernt liegt «Traquair» in Innerleighen. Das älteste bewohnte Haus in Schottland. Schon im Jahre 1566, als Mary Queen of the Scots Traquair besuchte, gab es eine Brauerei im Haus. Noch heute werden hinter den dicken Mauern drei Dunkelbiere gebraut. Jeweils im Mai findet das «Scottish Beer Festival» statt, mit Unterhaltung für die ganze Familie.

LEITUNG DES HAUSES: Shirley und John Sloggie.
GEÖFFNET: Ganzjährig.
KÜCHE: Britisch. Ein Höhepunkt für Mund und Auge. Grosse Weinkarte.
ANZAHL ZIMMER: 13.
ZIMMERPREISE: 60 £ - 80 £. Dinner Bed & Breakfast ab 70 £.
FÜR DEN GAST: «Library Bar» mit einem Fundus an antiken Büchern.

SCHOTTLAND FESTLAND

THE CEILIDH PLACE
14 WEST ARGYLL STREET
ULLAPOOL, ROSS-SHIRE, IV26 2TY
TEL: 01854 612 103
FAX: 01854 612 886
E-Mail: reception@ceilidh.demon.co.uk
Internet: www.theceilidhplace.com

ANREISE (AUTO):   Ullapool erreichen Sie von Inverness über die A835.
HAUS AUS DER EPOCHE: 1870.
VOM HAUS: „Unsere Geschichte des «Ceilidh Place» begann 1970, als mein Mann Robert und ich einen alten Bootsschuppen in ein kleines «Tea Room» umbauten", erläutert Jean Urquart. Heute ist das Haus, welches sich an einem ruhigen Ort im betriebsamen Hafenort Ullapool befindet, eine Oase für Genießer, Kunst- und Musikfreunde. Das Traditionshaus liegt am «Ceilidh Trail», auf welchem Musikanten im Juli und August durch die Highlands ziehen und mit ihren Flöten, Geigen, Gitarren, Harfen und gälischen Liedern in verschiedenen Lokalen Konzerte geben. Überzeugt hat uns auch das kulinarische Angebot im Gasthaus. „Was früher «Breakfast», «Dinner», «High Tea» und «Late Tea» war, haben wir zu einem «Just the one menu» zusammengefasst," erklärt Jean. Im ersten Stockwerk des Hauses treffen wir auf die «Residence Lounge», eine einladende Stube, welche mit Sitznischen, Gemeinschaftsecken, einem Piano und einer Selbstbedienungs-Bar zum Verweilen einlädt. „Wir wollten ein Ort schaffen, wo sich die Leute unterhalten können," fasst Jean ihr Erfolgsrezept zusammen.

SCHOTTLAND FESTLAND

ÜBER SPEIS UND TRANK: Die Menükarte «Just the one menu» ist eine harmonische Mischung aus schottischen Spezialitäten und Klassikern. So finden wir fünf verschiede «Breakfast», eine Riesenauswahl an Sandwichs, Salaten, Suppen, Fleisch- und Fischtellern ebenso wie drei vegetarische Gerichte. Neben süßen Leckereien wie z.B. «Chocolate Amaretti and Rasberry Trifle» finden wir ebenso einen echten «Cappucino». Eine Liste mit «Scottish Ales» und etwa 50 Malts runden das vielseitige kulinarische Angebot des «Ceilidh Place» ab.

ZUR UMGEBUNG: Das am «Loch Broom» gelegene Ullapool ist seit mehreren Hundert Jahren ein Fisch- und Fährhafen. Spannend wird es, wenn die Einheimischen erzählen, dass bereits vor 100 Jahren gesalzene Heringe von Ullapool bis nach Deutschland, ja sogar bis nach Russland exportiert wurden. „In den 1980er Jahren waren es vor allem die Russen, welche mit Ihren schwimmenden Fischfabriken Betrieb nach Ullapool brachten," erinnert sich Jean Urquart. „Hier wurden Elektrogeräte gegen Zigaretten und Wodka umgetauscht." Noch heute ist Ullapool ein wichtiger Hafen. Neben den unzähligen Fischerbooten fährt von hier auch das Fährschiff von Caledonian MacBrayne (www.calmac.co.uk) nach Stornoway auf der äußeren Hebrideninsel Lewis.

LEITUNG DES HAUSES: Effie Mackenzie.
GEÖFFNET: Ganzjährig, erste Januarwoche geschlossen.
KÜCHE: Schottisch, international.
ANZAHL ZIMMER: 13 im Hotel, 11 im «Clubhouse».
ZIMMERPREISE: 37 £ - 65 £. Clubhaus 12 £ - 20 £.
FÜR DEN GAST: «Honesty Bar» in der großzügigen «Residence Lounge». Bücherladen. Live Bands.

SCHOTTLAND FESTLAND

**CHAMPANY INN
LINLITHGOW, WEST LOTHIAN, EH49 7LU
TEL: 01506 834 532
FAX: 01506 834 302**
E-Mail: reception@champany.com
Internet: www.champany.com

ANREISE (AUTO): Von Edinburgh auf der M9 westwärts bis zur Ausfahrt Nr. 3. Von dort den Wegweisern folgen.
HAUS AUS DER EPOCHE: 16. Jh.
VOM HAUS: Die ersten Gebäude der sich harmonisch ergänzenden Häusergruppe wurden vor über 400 Jahren als Bauernhof gebaut. Umgeben von hunderten raren Weinen genießen wir vom «Heaven», dem Himmel genannten offenen Raum, den Ausblick runter zur Bar mit seiner Sofaecke. Was heute die Brasserie «Chop & Ale House» ist, war früher der Unterstand für Fuhrwerke und Kutschen. Im Verlaufe des Abends im Restaurant, welches seine runde Form von der früheren Verwendung als pferdegetriebene Mühle erhielt, klärt sich auch die Herkunft des Namens «Champany Inn». Laut Überlieferung soll hier Queen Mary of the Scots von Linlithgow Palace her kommend regelmäßig gepicknickt haben. Damals wurde am Hof französisch gesprochen und so hieß es „Venons à la campagne – gehen wir auf Land!"
Seit 1968 finden wir hier nun einen Gasthof. 1995 erweiterten Anne und Clive es zu einem «Restaurant with Rooms». Die liebevoll restaurierten Gebäude sind im ländlich-schottischen Stil eingerichtet. Die 16 Gästezimmer mit den typischen Tartan-Stoffen sind elegant-gemütlich und großzügig.

SCHOTTLAND FESTLAND

ÜBER SPEIS UND TRANK: „Das Geheimnis unseres Erfolgs liegt in der Qualität der Speisen und des dazugehörenden Service," verrät der in Südafrika aufgewachsene Clive. „Unsere Gäste essen das gleiche Rindfleisch wie die Königsfamilie auf «Balmoral Castle». Chef Kevin Hope verwöhnte uns mit einem «Sirloin» zu 23.50 £, welches auch durchgebraten noch einmalig zart war. Auf der vielseitigen Karte finden wir neben den Vorspeisen (zwischen 7.50 £ – 13.50 £), «Chateaubriand» für zwei (49.50 £), und «Porterhouse» (35.50 £), auch Lamm, Poulet und Meeresfrüchte sowie eine reichhaltige Dessertkarte.
ZUR UMGEBUNG: Die kleine Häusergruppe von «Champany Inn» liegt inmitten von Feldern und Laubwäldern. Durch diese malerische, weitgehend unbekannte Gegend ziehen der «Forth & Clyde Canal» sowie auch der «Union Canal». Der Höhenunterschied von 35 m zwischen den beiden Schiffskanälen wird durch das «Falkirk Wheel» - einem spektakulären Schiffshebewerk - bewerkstelligt. Fahren wir in Richtung des etwa 25 km entfernten Edinburgh, so erblicken wir die «Forth Suspension Bridge» bei South Queensferry - ebenfalls eine technische Meisterleistung. Auf dem Weg dorthin machen wir Bekanntschaft mit «Hopetoun House», dem von Sir William Bruce und William Adam erbauten Palast der Grafen von Hopetoun. Er ist von April - September geöffnet.
LEITUNG DES HAUSES: Anne und Clive Davidson.
GEÖFFNET: Ganzjährig, außer 25. Dezember und 1. Januar.
KÜCHE: Schottisch. Ein Geheimtipp!
ANZAHL ZIMMER: 16.
ZIMMERPREISE: 62.50 £ - 115 £. 125 £
FÜR DEN GAST: Brasserie «Chop and Ale House» mit Biergarten im Sommer. Rustikaler Frühstücksraum.

SCHOTTLAND FESTLAND

**CLUNY BANK HOTEL
ST. LEONARD'S ROAD
FORRES, MORAY, IV36 1DW
TEL: 01309 674 304
FAX: 01309 671 400**
E-Mail: info@clunybankhotel.co.uk
Internet: www.clunybankhotel.co.uk

ANREISE (AUTO):   Forres erreichen sie aus drei Richtungen: Von Westen (Inverness) auf der A96. Von Osten (Aberdeen) über die A96 über Inverurie und Huntly. Von Süden (Aviemore) auf der A940.

HAUS AUS DER EPOCHE: 1865.

VOM HAUS: Cluny Bank Hotel war bis 1999 ein Privathaus, welches als viktorianische Villa erbaut wurde. Nach einem sanften Umbau durch die heutigen Besitzer Pamela van Ankeren und René Looper präsentiert sich das im Süden des Stadtzentrums gelegene Haus als Bijou am Waldrand. Wenn man die Treppen von der Strasse zum Haus hochsteigt und die Eichentüre öffnet, so kommt man in die mosaikbelegte Eingangshalle. Über eine großzügige Treppe erreichen wir die neun frisch renovierten Gästezimmer, welche den Blick auf das friedlich daliegende Wohnquartier und den neben dem Haus gelegenen Wald frei geben.

ÜBER SPEIS UND TRANK: Nach Jahren in Balbirnie House und in Gleneagles kam Chef Alan Gibb nach Forres, um hier sein eigenes Lokal «The Restaurant at Cluny Bank Hotel» zu eröffnen. Abends wird zum Preis von 27.50 £ ein 4-Gang-Menü serviert, dessen Gerichte das Beste der schottischen Küche repräsentieren.

SCHOTTLAND FESTLAND

ZUR UMGEBUNG: Gleich hinter dem Hotel liegt der bewaldete «Cluny Hill» - eine Parklandschaft mit dem bekannten Aussichtsturm «Nelson Tower». Der «Brodie of Brodie» wie der Schlossherr von Brodie Castle genannt wird, war es, der 1806 den Grundstein zu diesem Bauwerk legte. Sein aus dem Jahre 1560 stammendes Schloss, welches heute öffentlich ist und vom «National Trust for Scotland» unterhalten wird, liegt nur 8 km von Forres entfernt Richtung Inverness. 4 km nördlich von Forres entdecken wir die «Findhorn Bay», ein Meeresarm wo lange Sandstrände zum Spazieren einladen. Findhorn mit seinem «Eco-village» ist ein Mekka für Kunstliebhaber und Freunde der nachhaltigen Wirtschaft. Forres ist auch ein idealer Ausgangspunkt zur Entdeckung des «Malt Whisky Trail» mit etwa zehn Destillerien im Umkreis von 50 km. Am Ort selber befindet sich die «Dallas Dhu» Museums-Destillerie. Im 20 km entfernten Elgin finden wir die berühmte Weberei von Johnstons, (www.johnstonscashmere.com) wo neben den Estate-Tweeds auch feine Wollsachen hergestellt werden. Ebenso finden Sie im Marktort Elgin in einer alten Mühle das «Moray Motor Museum» mit seiner akkuraten Sammlung an Automobilen und Motorrädern.
LEITUNG DES HAUSES: Pamela van Ankeren und René Looper.
GEÖFFNET: Ganzjährig. 1. - 14. Januar geschlossen.
KÜCHE: Das Beste aus Schottland.
ANZAHL ZIMMER: 9.
ZIMMERPREISE: 31.50 £.
FÜR DEN GAST: Alan Gibb's «The Restaurant at Cluny Bank Hotel», «The Wonderful World of Whisky» mit David Whishard Anfang Mai, «Bar» mit etwa 12 Highland Malts, gemütliche «Residence Lounge»

SCHOTTLAND FESTLAND

**CORSEWALL LIGHTHOUSE HOTEL
CORSEWALL POINT
KIRKOLM
STRANRAER, GALLOWAY, DG9 0QG
TEL: 01776 853 220
FAX: 01776 854 231**
E-Mail: lighthousehotel@btopenworld.com
Internet: www.lighthousehotel.co.uk

ANREISE (AUTO):   Von Stranraer über Kirkcolm nach Corsewall Point (20 km).
HAUS AUS DER EPOCHE: 1817.
VOM HAUS: Der 34 m hohe Leuchtturm war der fünfte, den der bekannte Leuchtturm-Ingenieur Robert Stevenson baute. Dort, wo der Gast heute die Räumlichkeiten des Hotels vorfindet, waren früher die drei Wohnungen der Leuchtturmwärter und ihren Familien. Wenige Schritte vom Haupthaus entfernt finden wir die «Lighthouse Suite», welche einen überwältigenden Blick auf den Turm, die Irische See und die vorbeiziehenden Schiffe gibt. Früher war das Häuschen Unterkunft für externe Mitarbeiter. Im Zuge der Umnutzung der Anlage zum Hotel wurde es – so wie die zwei ehemaligen Pferdestallungen – zu einem Bijou mit Wintergarten umgebaut. Darin finden wir neben den zwei Schlafzimmern eine Wohnküche, sowie Dusche / WC mit Waschmaschine.
ÜBER SPEIS UND TRANK: In der Küche walten die beiden Chefs Andrew Downie und David McCubbin. Die meisten Rohstoffe für das täglich wechselnde 5-Gang-Menü werden lokal bezogen. So kommt das Rindfleisch von «Bucchleuch Estate» in Dumfries. Als wir im Corsewall waren, gab es geräucherte

SCHOTTLAND FESTLAND

Forelle, ein butterzartes Rindsfilet an einer unvergesslichen Portwein-Zwiebel-Sauce in Begleitung einer liebevoll angerichteten Gemüseplatte. Zum Dessert kam ein «Special Lighthouse Cranachan» auf den Tisch, eine schottische Spezialität mit frischen Beeren, Erika-Honig, Whisky-Sirup, Vanille-Eis und gerösteten Gerstenbrösel.

ZUR UMGEBUNG: „Der einzige Durchgangsverkehr auf 55° 0.5' Nord und 5° 9.5' West sind die Fährschiffe nach Nordirland", bemerkt Gordon Ward während er uns in der «Lounge» seinen «Visitor's Guide» vorstellt. Für geübte Wanderer ist der Küstenweg Richtung Portpatrick zum Leuchtturm von Killantringan ein besonderes Erlebnis. Ganz im Süden, etwa 50 km von Corsewall Point entfernt, treffen wir auf einen weiteren, ebenfalls von Robert Stevenson 1830 erbauten Leuchtturm. Er ist an den Wochenenden von April - September für das Publikum geöffnet. Auf dem Rückweg kehren wir in Port Logan ein, um im neu eröffneten «Butterchurn Tea Room & Farm Park» - www.vbutterchurn.co.uk - einen feinen Cappuccino und Kuchen zu genießen.

LEITUNG DES HAUSES: Kay, Pamela und Gordon Ward.
GEÖFFNET: Ganzjährig.
KÜCHE: Modern-schottisch. Auch Mittagslunch und «Afternoon Teas».
ANZAHL ZIMMER: 6 im Haus, 3 Suiten in einzeln stehenden Häuschen.
ZIMMERPREISE: 65 £ - 110 £ für Dinner, Bed & Breakfast.
FÜR DEN GAST: Eigener Wintergarten zu den Suiten, Terrasse im Haupthaus. Gutbestückte Bar mit moderaten Preisen. Ein «Bladnoch 1988» gibt's für 3 £. James Braid's 1951 eröffneter «Stranraer Golf Club» befindet sich 15 Autominuten entfernt.

SCHOTTLAND FESTLAND

CRASK INN
LAIRG, SUTHERLAND, IV27 4AB
TEL: 01549 411 241

ANREISE (AUTO):   Crask Inn liegt an der A836 Tain - Lairg – Altnaharra – Tongue. Nördlich von Lairg wird die Strasse einspurig mit Ausweichstellen.

HAUS AUS DER EPOCHE: 1815.

VOM HAUS: Gebaut wurde das einsam in der Landschaft stehende Haus ums Jahr 1815, als der Duke of Sutherland sein «Estate» mit neuen Strassen erschloss. Vor dem Haus finden wir einen gepflegten Rasen, welcher liebevoll mit Blumenrabatten umgeben ist. Bei schönem Wetter kann sich der Gast hier an den Holztischen ungestört niederlassen. Crask Inn ist vor allem auch Treffpunkt für die Einheimischen; schon nach kurzer Zeit ist aber auch der Fremde inmitten der Gesprächsrunde. Die drei Zimmer, welche sich im ersten Stock befinden, sind rustikal eingerichtet. Sie geben den Blick frei in die einmalig schöne Landschaft, den Weiden und den knapp 1000 m hohen Bergen im Hintergrund. „Für unsere Gäste gibt es auch eine «Residence Lounge» mit einem Piano und Büchern", bemerkt Kay, die als Ergänzung zum eigenen Betrieb auch als Volksschullehrerin arbeitet.

ÜBER SPEIS UND TRANK: Unkompliziert und trotzdem gut kann man in Crask Inn speisen. Zur Wahl stehen die «Public Bar» sowie ein separater Speiseraum. Während in der Bar vor allem tagsüber Snacks, wie die herrlichen «Lamb Sandwiches» zusammen mit einer Pint Fassbier McEvans 70/- gereicht werden, gibt es am Abend ein 3-Gang-Menü. Auf der täglich wechselnden, mit Michael's Feder geschriebenen Karte, finden

SCHOTTLAND FESTLAND

wir für jeden Gang drei Gerichte zur Auswahl. So gibt es z.B. nach einer Pilz-Vorspeise (2.50 £) Haggis (5.50 £), Lammbraten (6.50 £) oder gegrillten Lachs (6.50 £) gefolgt von einem Stück Apfel-Cassis-Kuchen oder nur Käse und Biskuits (beide 2.50 £).

ZUR UMGEBUNG: Wie eine Oase in einer weit gehend unbewohnten Gegend erscheint Crask Inn auf dem Weg von Lairg zu Schottlands hohem Norden. Die von Autos kaum befahrene, einspurige, jedoch gut unterhaltene Asphaltstrasse ist besonders bei den Fahrradfahrern beliebt, liegt sie doch an der «National Cycle Route» (www.sustrans.org.uk) von Land's End in Cornwall nach John o'Groats im obersten Zipfel des schottischen Festlandes. „Diese Langstrecke wird von ambitionierten Fahrern in zwei Wochen zurückgelegt," erklärt Michael. Die Umgebung von Crask Inn eignet sich auch sehr gut für kleinere und größere Wanderungen. In ca. 6 km Distanz finden wir das einsame, etwa 10 km lange «Loch Choire». Beliebt ist die Tageswanderung zum 961 m hohen «Ben Klibreck», dem höchsten Berg in der Gegend.

LEITUNG DES HAUSES: Kay und Michael Geldard.

GEÖFFNET: Ganzjährig.

KÜCHE: Typische, gutbürgerliche Pub-Küche. Vom einfachen Sandwich bis zum 3-Gang-Menü. Mit 10 £ hat man gut gespiesen!

ANZAHL ZIMMER: 3.

ZIMMERPREISE: 20 £.

FÜR DEN GAST: «Public Bar» mit einer kleinen, aber feinen Malt Whisky-Auswahl. Offenbier McEvans 70/-, «Residence Lounge» mit Piano.

SCHOTTLAND FESTLAND

**CULLODEN HOUSE HOTEL
CULLODEN
INVERNESS, IV2 7BZ
TEL: 01463 790 461
FAX: 01463 792 181**
E-Mail: info@cullodenhouse.co.uk
Internet: www.cullodenhouse.co.uk

ANREISE (AUTO):   Das Haus liegt ca. 5 km östlich von Inverness. Von der A96 dem Wegweiser folgen.
HAUS AUS DER EPOCHE: 1772.
VOM HAUS: Culloden House wurde von der Familie Forbes als «Georgian Manson» an der Stelle gebaut, wo die Ruinen des alten Hauses standen. „Schon Tage vor der Schlacht von Culloden, welche am 16. April 1746 zur Niederlage der Jakobiner führte, wurde das Haus von dessen Heerführer Bonnie Prince Charles (Charles Edward Stuart) in Beschlag genommen", erzählt uns der Gastgeber Steven Davies. Laut Überlieferungen soll er von Duncan Forbes – einem Freund des Hannoveranischen Königshauses - am Morgen vor der Schlacht zum Frühstück eingeladen worden sein! Betrachtet man das Haus aus der südseitig angelegten Parkanlage, so fällt der dreiteilige Baukörper auf. Im Zentrum der dreigeschossige Teil mit dem Eingang und seitlich die angebauten Flügel, in denen sich heute einige der Gästezimmer befinden.
ÜBER SPEIS UND TRANK: Die Küche von Chef Michael Simpson ist eine harmonische Mischung aus schottischen und französischen Spezialitäten. Täglich wechselt die Karte, am Abend gibt es ein viergängiges «Dinner Menu» zu 38 £, welches bei Kerzenlicht am Kaminfeuer serviert wird. Gästen mit

SCHOTTLAND FESTLAND

Kindern wird um 18 Uhr ein «High Tea» serviert. „Um unseren Gästen den vollen kulinarischen Genuss bieten zu können, darf in der «Adam's Lounge» nicht geraucht werden und Mobiletelefone müssen stumm bleiben," erklärt uns Gastgeber Steven Davies.

ZUR UMGEBUNG: Ein Muss für den Gast von Culloden House ist ein Besuch des berühmten Schlachtfelds, welches sich in 1.5 km Distanz zum Haus befindet. Dies ist der Ort, wo die letzte Schlacht auf britischem Boden stattgefunden hat. Während bei der 8000 Mann starken Regierungstruppe unter der Führung des Duke of Cumberland – Sohn von König George l - über 300 Männer starben, war der Verlust bei den 5000-Mann starken «Highlanders» unter Bonnie Prince Charles mit über Tausend Toten weit größer. Nach der Niederlage von Culloden floh Charles auf Umwegen zur Insel Skye. Am 20. September 1746 verließ er Schottland in Richtung Frankreich.

LEITUNG DES HAUSES: Steven Davies.
GEÖFFNET: Ganzjährig, außer den letzten drei Januarwochen.
KÜCHE: Feines aus Schottland mit einer französischen Note.
ANZAHL ZIMMER: 28.
ZIMMERPREISE: 118 £ - 189 £.
FÜR DEN GAST: «Putting Green» für Golfer im 16 ha großen Park.

SCHOTTLAND FESTLAND

CULZEAN CASTLE
MAYBOLE, AYRSHIRE, KA19 8LE
TEL: 01655 884 455
FAX: 01655 884 503
E-Mail: culzean@nts.org.uk
Internet: www.culzeancastle.net

ANREISE (AUTO):   A77 über Maybole oder über die A719 Ayr – Alloway – Turnberry. Die Zufahrt ist gut beschildert.
HAUS AUS DER EPOCHE: Hauptbau 1792, Westflügel 1877.
VOM HAUS: Culzean Castle mit seiner Sicht auf die Irische See, den Felsen Ailsa Craig und die Insel Arran, steht an einer der spektakulärsten Stellen der britischen Inseln. Lange bevor David Kennedy, der 10. Earl of Cassillis, Schottlands wohl berühmtesten Architekten Robert Adam mit dem Neubau beauftragte, war der Sitz auf den Felsen mit seinen Höhlen ein Ort, wo geschmuggelter Portwein, Bordeaux-Wein, Rum und afrikanischer Tee umgeschlagen wurden. Bis 1945 war Culzean Castle im Besitze der Familie Kennedy. Inspiriert wurde Robert Adam vom Jupiter-Tempel des Diocletia-Palastes in Split. Korinthische Kapitelle im ersten Stock und Ionische im zweiten, zusammen mit der Oberverglasung, machen den Treppenaufgang zu einem architektonischen Meisterwerk. „This is a place where I can really relax," soll Dwight David Eisenhower immer wieder gesagt haben. Eisenhower, deutsch-schweizerischer Abstammung, General und Präsident der USA verbrachte während vielen Jahren seine Ferien im obersten Stockwerk des Schlosses. Im nach ihm benannten „Eisenhower Apartment" mit Bick auf die Irische See und den Schlosspark erleben Sie eine einmalig großzügige Wohn-Atmosphäre.

SCHOTTLAND FESTLAND

ÜBER SPEIS UND TRANK: Im runden «Drawing Room» wird ein hausgemachter «Afternoon Tea» aufgetragen. Am Abend gibt es für 50 £ (inkl. Weiß- und Rotwein und Schlummertrunk) ein Gourmet-4-Gang-Menü, welches je nach Vorlieben des Gastes zusammengestellt wird und bei Kerzenlicht am Gemeinschaftstisch serviert wird. „Das Gemüse, viele Früchte und Beeren kommen aus unserem «Walled Garden»," bemerkt Gordon Riddle. „Besonders stolz sind wir auf Dessert-Trauben, welche im viktorianischen Glashaus kultiviert werden."

ZUR UMGEBUNG: Das seit 1945 dem «National Trust for Scotland» gehörende «Culzean Castle» ist mit seinen über 200 ha eine Welt für sich. Seit 1969 befindet sich hier Schottlands erster «Country Park». Im Schloss selbst erleben wir die Architektur von Robert Adam. Beeindruckend ist u.a. der «Long Drawing Room», wo das romantisch-dramatische Bild der «Culzean Bay» von Alexander Nasmyth (1758-1840) hängt. Er war nicht nur ein bekannter schottischer Maler, sondern auch ein Freund des weltbekannten Poeten Robert Burns (1759 – 1796). Sein Geburtsort «Burns Cottage» wie auch seinen 1780 gegründeten «Bachelor's Club» finden wir eine halbe Autostunde von Culzean Castle entfernt.

LEITUNG DES HAUSES: Gordon Riddle.

GEÖFFNET: Ganzjährig, außer eine Woche um Weihnachten.

KÜCHE: Edel! Der Gast wird bei der Ankunft gefragt, was er gerne essen möchte.

ANZAHL ZIMMER: 6.

ZIMMERPREISE: 125 £ - 250 £. Inbegriffen sind «Afternoon Tea», Apéro und Schlummertrunk.

FÜR DEN GAST: Museum direkt im Haus, «Drawing Room» mit Kaminfeuer, 117 ha großer «Country Park».

**DISTILLERY HOUSE
NORTH ROAD
NEWIS BRIDGE
FORT WILLIAM, PH33 6LR
TEL: 01397 700 103
FAX: 01397 702 980**
E-Mail: disthouse@aol.com
Internet: www.fort-william.net/distillery-house

ANREISE (AUTO): Von Fort William auf der A82 Richtung Norden. Das Haus mit dem alten Pagodenbau befindet sich am Ortsende unmittelbar beim Kreisel.
HAUS AUS DER EPOCHE: 1953
VOM HAUS: Das heutige Distillery House gehörte ursprünglich zur Glenlochy Distillery, welche von 1901 - 1983 in Betrieb war. Das Haus wurde 1953 gebaut, um den Mitarbeitern Wohnraum zu verschaffen. Der Duft frischer Blumen umgibt den ankommenden Gast beim Eintreten. Nach der Begrüßung mit Tee und Biskuits durch Mandy, die auch gut Deutsch spricht, wird uns das liebevoll eingerichtete Zimmer gezeigt.
ÜBER SPEIS UND TRANK: Leckerbissen für Fischliebhaber sind die «Mallaig Kippers» und die von Mandy und Stuart selbst gebackenen, warm aufgetragenen Scones mit Butter und Orangenmarmelade. Auf einer kleinen Speisekarte darf man ankreuzen, was das Herz begehrt. Neben Porridge mit Aprikosen und Pflaumen, einem «Full Scottish Breakfast» mit gegrilltem Schinken, Wurst, «Black Pudding» und Tomaten finden wir auch verschieden zubereitete Eier, «Haggis» oder traditionellen Toast mit Marmelade zur Auswahl.

SCHOTTLAND FESTLAND

ZUR UMGEBUNG: In Fort William geht das östlich liegende, wilde und windexponierte «Ben Newis and Glencoe»-Massiv mit seinen berühmten Kletterbergen in die etwas sanftere Hügellandschaft Richtung Westen über. Markant ist die tektonische Linie, die Fort William (Meeresarm Loch Linnie) mit Inverness (Moray Firth) verbindet. Seit 1822 sind die beiden Städte durch den schiffbaren, vom Ingenieur Thomas Telford erbauten und 96 km langen «Caledonian Canal» (www.scottishcanals.co.uk) verbunden. In Fort William endet auch der bekannte «West Highland Way» aus Glasgow, ein Wanderweg, deren letzte und längste Tagesetappe (23 km) in Kinlochleven startet. Eine vielen Besuchern unbekannte Attraktion ist die imposante Eisenbahnlinie «West Highland Line», welche in eineinhalb Stunden zum Fisch- und Fährhafen Mallaig führt. Als Geheimtipp gilt der historische «Jacobite Steam Train» (www.westcoastrailway.co.uk), der die Strecke von Mitte Juni - Anfang Oktober mit Dampf befährt.
LEITUNG DES HAUSES: Mandy und Stuart McLean.
GEÖFFNET: Ganzjährig.
KÜCHE: Im Distillery House gibt es nur Frühstück.
ANZAHL ZIMMER: 8 im Haus / «Distillery Cottage» mit vier Ferienwohnungen.
ZIMMERPREISE: 22.50 £ - 35 £.
FÜR DEN GAST: Großer Garten mit Rasen und Bänken neben dem River Nevis.

SCHOTTLAND FESTLAND

**EDDRACHILLES HOTEL
BADCALL BAY
SCOURIE, SUTHERLAND, IV27 4TH
TEL: 01971 502 080
FAX: 01971 502 477**
E-Mail: enq@eddrachilles.com
Internet: www.eddrachilles.com

ANREISE (AUTO):   Den Ort erreichen wir auf drei Wegen: Von Ullapool der Westküste entlang über Unapool, von Norden über Tongue-Durness oder von Inverness-Tain-Loch Shin.
HAUS AUS DER EPOCHE: 18. Jh.
VOM HAUS: Das weiße, etwas versteckt in einem alten Baumbestand gelegene Haus wurde vor über 200 Jahren gebaut. Während über 130 Jahren diente es als Pfarrhaus, dann wurde es nach dem Neubau der Kirche in Scourie im Jahre 1929 an eine Privatperson verkauft. Wir betreten das Haus vom Vorplatz her, wo uns das sonderbare Holztor auffällt. „Dieses stammt von der 1895 gebauten H.M.S Powerful, einem Kriegschiff der Royal Navy, das um die Jahrhundertwende in China und in Südafrika eingesetzt wurde," erläutert Graham Deakin, welcher das Haus mit seiner Frau Fiona führt. Das kleine Café mit seinen gemütlichen Fauteuils lädt tagsüber zu Snacks und «Afternoon Tea» ein. Ein besonderer Augenblick ist es, in der «Lounge Bar» mit dem anschließenden Wintergarten den Sonnenuntergang über der «Badcall Bay» zu genießen.
ÜBER SPEIS UND TRANK: Abends trifft man sich im festlich gedeckten Restaurant, welches nur 11 Tische hat. Umgeben von Natursteinen wird dem Gast bei Kerzenlicht das Essen serviert. Zur Auswahl gibt es ein 3-Gang-Menü zum Preis von

SCHOTTLAND FESTLAND

17.95 £ oder eine Karte mit Leckereien wie «Kinlochbervie Monkfish», «Summer Island Haddock» oder «Badcall Bay Salmon». „Unser Rindfleisch beziehen wir von der bekannten Metzgerei Fraser in Inverness," bemerkt Chef Fiona stolz. Die «Puddings», Konfitüren, «Chutneys» und «Tablets» sind hausgemacht.

ZUR UMGEBUNG: Der kleine Küstenort mit seiner einmalig schönen «Badcall Bay» liegt nur unweit von Unapool entfernt, wo 1985 die altehrwürdige «Kylesku Ferry» durch die elegante Bogenbrücke des Ingenieurs Arup ersetzt wurde. Mit dem Ersatz von Schottlands letzter Fähre wurde die Verbindung Richtung Süden wetterunabhängiger. Scourie beherbergt nicht nur die kleine Ausstellung von «Maryck Memories of Childhood», sondern ist auch Ausgangspunkt für Bootsfahrten ins «Loch Glencoul» mit seinem 200 m hohen Wasserfall «Eas a'Chual Aluinn».

LEITUNG DES HAUSES: Fiona und Graham Deakin.
GEÖFFNET: Mitte März - Mitte Oktober.
KÜCHE: «Home made» schottisch-saisonale Spezialitäten. Snacks und «Afternooon Tea».
ANZAHL ZIMMER: 11.
ZIMMERPREISE: 38.80 £ - 47.75 £. Dinner, Bed & Breakfast ab 52.90 £. Ermäßigung ab 2 Nächten.
FÜR DEN GAST: «Lounge Bar» mit Wintergarten und Blick aufs Meer. 80 Malts!

SCHOTTLAND FESTLAND

**GLENAPP CASTLE
BALLANTRAE, AYRSHIRE, KA26 0NZ
TEL: 01465 831 212
FAX: 01465 831 000**
E-Mail: info@glenappcastle.com
Internet: www.glenappcastle.com

ANREISE (AUTO): Von Ayr oder Stranraer über die A77. 200 m südlich des Zentrums und südlich der Brücke auf eine kleine Nebenstrasse Richtung Meer. Nach ca. 1 km stehen Sie vor einem Eisentor zur Schlosszufahrt.
HAUS AUS DER EPOCHE: 1870.
VOM HAUS: „Glenapp" – wie das Haus von den Stammgästen genannt wird – war bis 1982 die Sommerresidenz der Familie Inchcap. Dann kaufte es eine amerikanische Familie als «Ferienhaus in Schottland». „Unsere Geschichte begann 1993, als wir in einer Zeitschrift ein anonymes Inserat sahen, in dem von einem «Viktorianischen Schloss mit Umschwung und Meersicht» die Rede war", erinnert sich Graham Cowan. Die 17 Zimmer, ebenso wie die Räumlichkeiten im Erdgeschoss, sind mit Liebe zum Detail meisterhaft renoviert. Nach unserer Beurteilung gehört Glenapp heute zu den besten Adressen im Vereinigten Königreich. Die Herzlichkeit der Gastgeber, der perfekte Service und das einmalige Haus machen den Aufenthalt zu einem einmaligen Erlebnis.
ÜBER SPEIS UND TRANK: Chef Tristan Welch versteht es mit seiner Kochkunst, den Gast jedes Mal neu zu verzaubern. Seine Gerichte – welche täglich wechseln – kündigt er auf einer liebevoll gestalteten Menükarte an, welche ab 17 Uhr im Zimmer aufliegt. Bei Kerzenlicht, weißen Tischtüchern und Silberbesteck

SCHOTTLAND FESTLAND

geht der Abend nach der Vorspeise harmonisch in den Hauptgang über, wo uns z.B. ein einmalig zartes «Fillet of Aberdeen Angus Beef» begleitet von liebevoll präsentiertem Käse-Kartoffelstock und Kressepurée in Stimmung versetzt. Das mit britischem Understatement 5-Gang-Menü genannte Essen – eigentlich sind es sieben wenn man die Überraschungen wie z.B. das Champagner-Sorbet vor dem Hauptgang noch dazuzählt - beenden wir mit einer ofenwarmen «Apple Tart Tatin» mit Eis.

ZUR UMGEBUNG: Die Irische See mit den kilometerlangen Sandstränden und den Felsklippen, die grüne Landschaft und der nahe «Galloway Forest Park» mit seinen unzähligen Wander- und Entdeckungsmöglichkeiten fasziniert. Blicken wir vom Schloss nach Nordwesten, so erkennen wir im Meer den 340 m hohen Granitfelsen «Aisla Craig». „Wenige wissen, dass das Curling-Spiel aus Schottland stammt und dass viele der Curling-Steine von der kleinen Insel stammen," erklärt Graham. Im 19. Jh. wohnten knapp 30 Menschen auf dem einsamen Eiland, um den gefragten Granit abzubauen. Für den interessierten Besucher fahren von Girvan aus kleine Boote zum heute unbewohnten, etwa 15 km entfernten Vogelparadies.

LEITUNG DES HAUSES: Fay und Graham Cowan.
GEÖFFNET: 1. April - 31. Oktober und Silvester / Neujahr.
KÜCHE: Chef Tristan Welch gehört zu den weltbesten Köchen.
ANZAHL ZIMMER: 17.
ZIMMERPREISE: ab 182.50 £ für Dinner, Bed & Breakfast.
FÜR DEN GAST: Privatatmosphäre im familiären Rahmen.

SCHOTTLAND FESTLAND

**GLENMORANGIE HOUSE
FEARN
BY TAIN, ROSS-SHIRE, IV20 1XP
TEL: 01862 871 671
FAX: 01862 871 625**
E-Mail: relax@glenmorangieplc.co.uk
Internet: www.glenmorangie.com

ANREISE (AUTO): 50 km nördlich von Inverness von der A9 auf die B9175 in Richtung Nigg. Nach dem Bahnübergang etwa 2.5 km, dann dem Wegweiser folgen.

HAUS AUS DER EPOCHE: 1829.

VOM HAUS: „Laut unseren Aufzeichnungen wurde «Cadboll Farm House» vom Bauern Crawford Ross anlässlich seiner Heirat im Jahre 1829 als neues Zuhause erbaut," erzählt Helen McKenzie-Smith, welche das Haus für «Glenmorangie plc» führt. Es ist das einzige Gästehaus in Schottland, welches zu einer Destillerie gehört. Das Haus ist perfekt restauriert. Im Sofa kann man bei einem «Wee Dram» - einem Glas Glenmorangie Fino Sherry - die letzten Sonnenstrahlen, welche durch den Obstgarten ins Haus dringen, genießen.

ÜBER SPEIS UND TRANK: Die Küche unter der Leitung von David Graham ist eine harmonische Mischung aus schottischen Spezialitäten unter Verwendung lokaler Zutaten. Das im Übernachtungspreis eingeschlossene 4-Gang-Menü wird den Gästen am über 10 m langen Gemeinschaftstisch serviert und beinhaltet auch Wein und «Dram». Das meiste Gemüse sowie viele Früchte und Beeren kommen aus dem eigenen Garten. Alleine schon das Frühstück lässt die Sinne höherschwingen. Wir wählten «Porridge with Cream», gefolgt von mit Glen Moray

SCHOTTLAND FESTLAND

Malt Whisky gepflegtem «Cadboll Bay» Lachs auf Rührei, begleitet von einer Tasse Darjeeling.

ZUR UMGEBUNG: Glenmorangie House liegt auf einer etwa 20 km langen Halbinsel. Die Gegend ist eine der trockensten Regionen im Vereinigten Königreich. Beliebt sind die Wanderungen der Küste entlang ins kleine Dorf von Portmahomack und weiter zum Leuchtturm von Tarbat Ness. Mit etwas Glück kann man Delphine beobachten. In Richtung Tain, 9 km vom Haus entfernt treffen wir auf die «Glenmorangie Distillery», welche mit ihren einzigartigen Endreifungen von Sherry-Variationen wie Fino über Portwein bis zu französischen Weinen und den Fassstärkenabfüllungen legendär wurde.

LEITUNG DES HAUSES: Helen McKenzie-Smith.

GEÖFFNET: Ganzjährig. Im Januar geschlossen, außer zur «Burns Night» (25. Jan.).

KÜCHE: Schottisch. Beachtliche Weinkarte.

ANZAHL ZIMMER: 9.

ZIMMERPREISE: 120 £ - 185 £ für Dinner, Bed & Breakfast inkl. Getränke.

FÜR DEN GAST: Obstgarten und «Walled Garden» zum Verweilen. «Burns Night» im Januar, «Glenmorangie Highland Games» im August.

SCHOTTLAND FESTLAND

**THE GROUSE INN
LOWER CABRACH
BY HUNTLY, ABERDEENSHIRE, AB54 4EL
TEL. / FAX: 01466 702 200**

ANREISE (AUTO):   Von Aberdeen über die A944 nach Alford und weiter nach Mossat. Auf der A97 ca. 5 km Richtung Huntly. Dann dem Wegweiser folgen.
HAUS AUS DER EPOCHE: 1805.
VOM HAUS: Laut Überlieferung diente das Haus anfänglich als reines Lebensmittelgeschäft für die lokale Bevölkerung. Ums Jahr 1805 soll es gewesen sein, dass die Wirtschaft «Richmond Arms» eröffnet wurde. Im heutigen «Grouse Inn», einem Geheimtipp für Whisky-Liebhaber, finden wir gut 250 Spezialitäten an der Theke. „Bei uns sind die Flaschen mit dem Maß-Zapfhahn nach unten fix an der Wand befestigt," bemerkt Wilma McBain mit schottischem Charme und leuchtenden Augen. Die Sammlung ist das langjährige Werk ihres Mannes Ian. „In den 60er und 70er Jahren hatten wir auch jedes Wochenende Tanzmusik und die Leute kamen von weither zu uns. Heute kehren vor allem Einheimische, Whiskyliebhaber und Pensionäre zu Tee und Kuchen ein," erzählt sie. Der große Raum, sowie sommers die beliebte Gartenwirtschaft, geben eine freie Aussicht auf die malerische Landschaft Richtung Huntly. „Diese Ansicht wurde im «Scotsman Magazine» zur Landschaft des Jahres auserwählt," erzählt Wilma während sie die hausgemachten Kuchen auf den Tisch stellt.
ÜBER SPEIS UND TRANK: Zwischen 14 und 18 Uhr werden im Grouse Inn Wilmas legendäre «Afternoon Teas» (3.30 £) aufgetragen. Nebst den noch warmen «Scones» und der hausge-

SCHOTTLAND FESTLAND

machten Konfitüre kommen «Pancakes», heißer Tee mit Milch und kleine, mit farbiger Zuckerglasur belegte Törtchen auf den Tisch. Ab 16 Uhr wird auch der klassische «High Tea» (7.65 £) serviert, der aus einem gutbürgerlichen Fisch-, Teigwaren-, Pasteten- oder Wurstgericht und einem Salat besteht. Ganztags gibt es Suppen, Salate, Snacks sowie spezielle Kindermenüs.
ZUR UMGEBUNG: Ians Bruder Colin werkelt in seiner Bude an Whiskyfässern. Aus nicht mehr reparierbaren Eichenfässern gestaltet Colin wunderschöne Bareinrichtungen und Flaschenregale. „Die fein nach Whisky duftenden Holzspäne finden bei den Lachsräuchereien reißenden Absatz," erklärt Colin während er eine Bestellung aus Frankreich erledigt. Auch der weltbekannte Lachs vom Loch Fyne erhält seinen Rauchgeschmack von seinen Holzspänen. Im nahen Dufftown gibt es nicht weniger als elf Destillerien, in Craigellachie finden wir auch die «Speyside Cooperage» (www.speysidecooperage.co.uk), wo alte Fässer fachgerecht für die Wiederverwendung in den Destillerien repariert werden.
LEITUNG DES HAUSES: Wilma und Ian McBain.
GEÖFFNET: Restaurant April - Oktober / Bar (ohne Mahlzeiten) ganzjährig.
KÜCHE: Wie zu Großmutters Zeiten.
ANZAHL ZIMMER: Keine.
FÜR DEN GAST: Immense Whiskyauswahl, «Pool Table».

SCHOTTLAND FESTLAND

**HAWES INN
7, NEW HALL ROAD
SOUTH QUEENSFERRY,
EDINBURGH EH30 9TA
TEL: 0131 331 1990**
Internet: www.innkeeperslodge.com

ANREISE (AUTO):   Von Edinburgh auf der A90 Richtung Forth Road Bridge. Kurz vor der Brücke dem Schild «South Queensferry» folgen. Das Gasthaus steht am Dorfeingang auf der linken Straßenseite.

HAUS AUS DER EPOCHE: 1648.

VOM HAUS: Berühmtheit erlangte die Postkutschenstation durch Sir Walter Scot (1771-1832), welcher das Haus in seiner Novelle «The Antiquary» beschrieb. Ebenso spielten Teile der Novelle «Kidnapped» von Robert Lewis Stephenson (1850-94) in Hawes Inn. Während wir auf der 1890 erbauten Eisenbahnbrücke über den River Forth, welche sich unmittelbar über dem Haus befindet, den Expresszug Edinburgh-Inverness hören, finden wir im Erdgeschoss des Riegelbaus die gemütliche «Public Bar». Die Fenster geben den Blick frei auf das Meer und den ehemaligen Landungssteg der Fähre, welche bis zur Eröffnung der Hängebrücke im September 1964 die Verbindung mit North Queensferry sicherstellte. „Damit verschwand eine über 800-jährige Tradition aus dem Dorf," bemerkt Stewart mit etwas Wehmut. Die Erinnerungen an den Brückenbau leben jedoch in den vielen Originalaufnahmen weiter. Ebenso finden wir an der Wand den letzten Fahrplan der Fähre, datiert mit April 1964. Über eine verwinkelte Treppe gelangt man in den ersten Stock zu den großzügig bemessenen Gästezimmern.

SCHOTTLAND FESTLAND

ÜBER SPEIS UND TRANK: Unkompliziert aber gut speist man hier. Zur Auswahl stehen etwa 10 Vorspeisen und 20 Hauptgerichte. Neben einer beachtlichen Weinauswahl gibt es das malzige Offenbier «Deuchars IPA», welches im viktorianischen Brauhaus der «Caledonian Brewery» in Edinburgh gebraut wird (www.caledonian-brewery.co.uk).

ZUR UMGEBUNG: South Queensferry findet man kaum zufällig. Hier eine Pause einzulegen, um den Blick auf das Meer zu genießen lohnt sich. Mit etwas Glück können wir die Einfahrt eines Flugzeugträgers wie z.B. «Ark Royal» oder eines Tankers erleben, welche in die Häfen Rosyth oder Grangemouth einlaufen. Täglich gleitet morgens um 10 Uhr das neue Superfast-Fährschiff beinahe lautlos unter der imposanten, 1890 eröffneten Eisenbahnbrücke durch. Von South Queensferry ist man in Kürze in Edinburgh oder im alten Königreich von «Fife», welches mit seinen Palästen, grünen Matten, Obstgärten und der alten Hauptstadt Dunfermline einen besonderen Reiz ausstrahlt. Ganz im Zeichen des Meeres steht das in North Queensferry gelegene Aquarium «Deep Sea World» (www.deepseaworld.com), mit seinen Haien, den Piranhas und dem über 100 m langen Unterwasser-Tunnel, ein Erlebnis für die ganze Familie.

LEITUNG DES HAUSES: Robert Patterson und Stewart Ball.
GEÖFFNET: Ganzjährig.
KÜCHE: Typische, gutbürgerliche Pub-Küche.
ANZAHL ZIMMER: 14.
ZIMMERPREISE: 57.50 £ pro Zimmer (bis zu fünf Personen).
FÜR DEN GAST: «Public Bar» mit vielen historischen Fotos vom Brückenbau. Kleine, Robert Lewis Stephenson gewidmete Museums-Ecke im Haus.

SCHOTTLAND FESTLAND

**THE INN AT ARDGOUR
ARDGOUR
FORT WILLIAM, PH33 7AA
TEL: 01855 841 225
FAX: 01855 841 214**
E-Mail: theinn@ardgour.biz
Internet: www.ardgour.biz

ANREISE (AUTO):   A861 nach Glenfinnan und Strontian auf der Halbinsel Ardnamurchan. 13 km südlich von Fort William auf der A82 fährt die «Corran Ferry» zwischen 8 Uhr und 20 Uhr im Halbstundentakt übers Loch Linnhe nach Ardgour. Das Haus liegt direkt an der Landungsstelle der Fähre..
HAUS AUS DER EPOCHE: 18. Jh.
VOM HAUS: „Der älteste Teil des Gasthauses geht zurück ins Jahr 1760, als der Fährmann in der «But'n'Ben», einem weißen Haus mit nur zwei Zimmern, wohnte," verrät David Allen, der mit seiner Frau Mary das Haus seit 1997 führt. Wann aus dem Fährhaus eine Wirtschaft wurde, ist nicht bekannt. Heute bekommt der hungrige Reisende in der «Ardgour Bar» für 3 £ - 6 £ einfache Mahlzeiten und Snacks. In der Ecke stehen neben leeren Whiskykisten und einem Gestell mit Tauschbüchern ein Paar Ski, auf denen der Name Kandahar noch gut zu lesen ist. Leider kann uns niemand verraten, wie dieser Zeitzeuge aus den Anfängen des Skisports von der Schweiz nach Schottland kam. Im Zimmer mit den nordischen Möbeln stehen Tee, Kaffee und Biskuits ebenso bereit, wie ein Sofa mit direktem Blick auf «Loch Linnhe» und «Corran Ferry».
ÜBER SPEIS UND TRANK: In ungezwungener Seemannsatmosphäre kann man im Gasthaus am Loch Linnhe preiswert

SCHOTTLAND FESTLAND

und gut speisen. Auf der täglich wechselnden Karte finden wir Gerichte wie «Scottish Haggis with Cream Whisky Sauce» zu 4.65 £, «Prime Roast of Scottish Beef» oder «Deep fried Scampi & Tartar Sauce» für weniger als 9 £. Chefin Mary legt Wert auf eine saisonale Küche unter Verwendung lokal produzierter Zutaten.

ZUR UMGEBUNG: Besonders reizvoll ist die Fahrt dem Loch Sunart entlang nach Ardnamurchan Point mit seinem Leuchtturm. Ebenso kommt im Mai der Raddampfer Waverley regelmäßig durch «Loch Linnhie» nach Fort William. Etwa 80 km ist es bis Ardnamurchan Point, dem westlichsten Punkt Großbritanniens. Die Küstenstrasse führt in zwei Autostunden an diesen romantischen Ort mit Sicht auf die vorgelagerten Inseln. Im Inn at Ardgour gibt es auch einen kleinen Essraum mit direktem Blick auf die Fähre. Auf dem einsamen «Loch Shiel» (Süßwasser) verkehrt von April - Oktober ein Schiff, von dem aus Hirsche und Adler beobachtet werden können (www.highlandcruises.co.uk).

LEITUNG DES HAUSES: Mary und David Allen.

GEÖFFNET: Ganzjährig. 25. Dezember und Silvester/Neujahr geschlossen.

KÜCHE: «Home made cooking» mit lokalen Zutaten. Fisch- und Krustentierspezialitäten.

ANZAHL ZIMMER: 10.

ZIMMERPREISE: 32.50 £ - 40 £. Ermäßigung ab 3 Nächten.

FÜR DEN GAST: «Ardgour Bar» mit ca. 50 Whiskys sowie Bierspezialitäten aus der Atlas Brewery in Kinlochleven. (www.atlasbrewery.com). Restaurant und «Residence Lounge» mit Blick auf Loch Linnhe.

SCHOTTLAND FESTLAND

KILCAMB LODGE HOTEL
STRONTIAN, ARGYLL, PH36 4HY
TEL: 01967 402 257
FAX: 01967 402 041
E-Mail: enquiries@kilcamblodge.com
Internet: www.kilcamblodge.com

ANREISE (AUTO): Von Osten mit der «Corran Ferry» (www.lochabertransport.org.uk), welche zwischen 8 und 20 Uhr im Halbstundentakt verkehrt. Von Norden (Mallaig) über die A861 über Lochailort und Salen und von Süden (Isle of Mull) mit der Fishnish-Lochaline-Fähre von Caledonian MacBrayne (www.calmac.co.uk).

HAUS AUS DER EPOCHE: ca. 1745.

VOM HAUS: Die ehemalige Kilcamb Lodge wurde während den Freiheitskämpfen von Bonny Prince Charles (Charles Edward Stuart) für die Truppen aus Argyll als Unterkunft und Kommandoposten gebaut. Der Legende nach soll das Camp von Kilcamb damals bis zu 600 Mann beherbergt haben. Die beiden seitlichen Flügel des Hauses wurden zu viktorianischen Zeiten angebaut. Vor dem Haus finden wir einen grasbewachsenen Park. Ein besonderes Erlebnis ist das Beobachten der Vögel, welche während Ebbe ihr Futter auf dem Meeresboden suchen. Zu ihnen gehört der schwarz-weiße «Oystercatcher», mit seinem langen, orangefarbenen Schnabel. Die Halbinsel Ardnamurchan ist eine weit gehend unbewohnte Gegend, welche wegen ihrer Schönheit oft Filmteams als Kulisse dient.

ÜBER SPEIS UND TRANK: Nachmittags trifft man sich zum «Afternoon Tea» (8.50 £) oder abends zum «Dinner Menu», das zwischen 25 £ und 35 £ kostet. Bei Kerzenlicht geht der Abend

SCHOTTLAND FESTLAND

nach der Vorspeise stilvoll in den Hauptgang über, wo z.B. «Minch Halibut» von liebevoll präsentiertem Kräuterrisotto begleitet wird. Das Essen beenden wir mit einer Auswahl an schottischem Käse, mit «Oatcakes», einem leicht gesalzenen Haferbiskuit. Dann werden wir in den «Drawing room» gebeten, um bei Tee oder Kaffee und hausgemachten Pralinen den Abend in Plüschsofas ausklingen zu lassen.

ZUR UMGEBUNG: Das Dorf Strontian ist 500 m vom Hotel entfernt, wo es eine Post, eine Tankstelle und ein kleines Lebensmittelgeschäft gibt. Etwa 60 km ist es bis Ardnamuchan Point, dem westlichsten Punkt Großbritanniens mit seinem markanten Leuchtturm. Zum geschäftigen Fähr- und Fischerhafen Mallaig sind es 85 km. Von dort aus fahren die Schiffe zu den Inseln Skye, Muck, Eigg, Canna und Rum. Die kurvenreiche Strasse über Salen und Glenuig führt uns zu den romantischen Sandstränden in Moidart. Auf Loch Shiel, welches in etwa 30 Autominuten erreicht wird, verkehrt von April - Oktober die M.V. Sileas nach Glenfinnan (www.highlandcruises.co.uk).

LEITUNG DES HAUSES: Jenny und Ian Grant.

GEÖFFNET: Ganzjährig.

KÜCHE: Schottisch. Alles wird von Chef Neil Mellis und seinem Team frisch zubereitet. Es gibt keinen Tiefkühler!

ANZAHL ZIMMER: 11.

ZIMMERPREISE: 47.50 £ - 77.50 £. Ermäßigung ab 3 Nächten.

FÜR DEN GAST: Gemütliche «Bar Lounge» mit offenem Kaminfeuer. Gute Auswahl an Whisky, Cognac, Calvados und Port Wein. «Drawing Room» mit Sofas und Fernglas zum Beobachten der Fauna am Loch Sunart.

SCHOTTLAND FESTLAND

**KILDRUMMY CASTLE HOTEL
KILDRUMMY
BY ALFORD, ABERDEENSHIRE, AB33 8RA
TEL: 019755 712 88
FAX: 019755 713 45**
E-Mail: bookings@kildrummycastlehotel.co.uk
Internet: www.kildrummycastlehotel.co.uk

ANREISE (AUTO):   Von Aberdeen über die A944 nach Alford und weiter nach Mossat, dort auf die A97 nach Kildrummy. Oder von Speyside über Tomintoul (A939) oder von Ballater (A944).

HAUS AUS DER EPOCHE: 1900.

VOM HAUS: Kildrummy Castle Hotel wurde ursprünglich von Oberst James Ogston – welcher in Aberdeen eine Seifenfabrik besaß – als Privathaus erbaut. „Erst im Jahre 1956 wurde das schöne Haus mit seinem Garten als Saison-Hotel den Gästen geöffnet," erzählt Thomas Hanna, der das Haus seit 1977 führt. Damals kamen Fischer- und Jagdgruppen nach Kildrummy; im Winter war das Haus geschlossen. Seit die Familie Hanna das Haus führt, wurde eine Zentralheizung sowie Badezimmer für alle Gästezimmer eingerichtet. Betritt man das mit Liebe gepflegte Hotel, so fallen beim Eingang die prächtige Kassettendecke, das wärmende Kaminfeuer und der Duft frischer Blumen auf.

ÜBER SPEIS UND TRANK: Hungrige Feinschmecker wählen mit Bestimmtheit das fünfgängige Menü zu 33 £. Wir wählten aus dem à-la-Carte-Menü eine «Cullen Skink», gefolgt von einem herzhaften Risotto. Die zwölf zur Auswahl stehenden schottischen Käse werden uns noch lange in bester Erinnerung

SCHOTTLAND FESTLAND

bleiben! Auch die Weinkarte sollte erwähnt werden, sind doch über 240 Raritäten gelistet.

ZUR UMGEBUNG: Während im Winter vor allem die schneebedeckten Berge den Besucher in den Bann ziehen, sind es von Frühling bis Herbst die Schlösser und Parks in Aberdeenshire. Das zentral gelegene Haus eignet sich auch hervorragend als Basis für Tagestouren zu den unzähligen Whiskydestillerien in der Gegend. Besonders reizvoll ist die Fahrt über den 637 m hohen «Lecht Summit» nach Tomintoul und Glenlivet. Das Skigebiet mit seinen 10 Anlagen ist nur etwa 20 min von Kildrummy entfernt. Viele der bekannten historischen Attraktionen des «National Trust for Scotland» (www.nts.co.uk) wie Castle Fraser, Haddo House und Pittmedden Garden befinden sich weniger als eine Autostunde entfernt. Weitgehend unbekannt, aber nicht weniger reizvoll ist die Kleinstadt Alford mit seinem «Grampian Transport Museum» und dem «Alford Heritage Centre», wo der Besucher Einblick in das frühere Bauernleben in Schottlands Kornkammer erhält.

LEITUNG DES HAUSES: Mary und Thomas Hanna.

GEÖFFNET: Ganzjährig, außer Januar.

KÜCHE: Britisch-französisch. Auch Mittagessen. Weine vorwiegend aus Frankreich.

ANZAHL ZIMMER: 16.

ZIMMERPREISE: 70 £ - 90 £. Dinner, Bed & Breakfast ab 2 Nächten.

FÜR DEN GAST: Großzügiger, einladender «Drawing Room», «Kildrummy Castle Garden».

SCHOTTLAND FESTLAND

**KINFAUNS CASTLE
NEAR PERTH, PERTHSHIRE, PH2 7JZ
TEL: 01738 620 777
FAX: 01738 620 778**
E-Mail: email@kinfaunscastle.co.uk
Internet: www.kinfaunscastle.co.uk

ANREISE (AUTO): Von Perth auf der A90 etwa 5 km Richtung Dundee. Dann nach Norden und dem Wegweiser folgen.
HAUS AUS DER EPOCHE: 1822.
VOM HAUS: Das Schloss mit seiner mächtigen, 48 m breiten Südfassade, wurde von Francis, dem 15. Lord of Gray, gebaut. 1933 wurde es verkauft, um eine Wanderherberge zu werden. Heute gehört das Schloss der Familie Smith, die lange Zeit für Hilton in Fernost tätig war. Betritt man das mit Liebe und Präzision restaurierte Schloss, so fallen die prächtigen Kassettendecken in der Eingangshalle und die wärmenden Kaminfeuer auf. Während uns ein persönlicher Willkommens-Siegelbrief sowie eine Früchteschale begrüßen, entdeckt der Liebhaber im Zimmer «Lady Gray» zudem eine freistehende Badewanne und einen Waschtisch mit Rasierspiegel und Sicht auf den Gartenpark.
ÜBER SPEIS UND TRANK: Abends trifft man sich – Männer mit Krawatte und Jackett, Damen im Abendkleid – zum täglich wechselnden «Dinner», das zwischen 35 £ und 38 £ kostet. Im «Library Restaurant» vergnügt sich die Gesellschaft bei Kerzenlicht an den exzellenten Speisen. Mich setzte «Roast Highland Venison with a wild Mushroom Risotto» als Vorspeise und «Fillet of Angus Beef» an einer feinen Basilikum-Sauce in Stimmung. Das Essen beendete ich mit einer Auswahl an schottischen

SCHOTTLAND FESTLAND

Käsen, gefolgt von Kaffee und Tee mit hausgemachten «Petit Fours» und Karamels.

ZUR UMGEBUNG: Das Schloss liegt inmitten des «Beerenlandes» von Schottland. Sehr viele Gemüse- und Früchtekulturen liegen in der unmittelbaren Umgebung. „Für unsere Küche ist das sehr wertvoll", bemerkt Nigel Liston. Die Ortschaft Blaigowrie, ca. 25 km nördlich von Perth, gilt als eigentliche Hauptstadt des Erdbeeren- und Himbeerenanbaus. Weiter nordwärts entlang der A93, gelangen Sie über das Ski- und Wandergebiet von «Glenshee» (www.ski-glenshee.co.uk) nach Braemar, bekannt durch seine jeweils am ersten Samstag im September stattfindenden «Highland Games». Entlang des Firth of Tay, wo Theodor Fontanes 3 km lange Eisenbahnbrücke am 28. Dezember 1879 mit einem Zug ins Meer stürzte, gelangt man in die alte Handels- und Juttestadt Dundee, wo es z.B. den Dreimaster «RRS Discovery» zu bewundern gibt, mit dem Scott und Shackleton zwischen 1901 und 1904 die Antarktis erforschten.

LEITUNG DES HAUSES: Nigel Liston.

GEÖFFNET: Ganzjährig. Drei Wochen nach Neujahr geschlossen.

KÜCHE: Ein Höhepunkt für Mund und Auge. Alles ist hausgemacht!

ANZAHL ZIMMER: 16.

ZIMMERPREISE: 95 £ - 190 £.

FÜR DEN GAST: «The Dragon Boat Lounge», «Lady Gray's Dining Room», «Kinnoull Forrest Park» für Spaziergänge.

SCHOTTLAND FESTLAND

**LUFFNESS CASTLE
ABERLADY, EAST LOTHIAN, EH32 OQB
TEL: 01875 870 218
FAX: 01875 870 730**
E-Mail: info@luffnesscastle.co.uk
Internet: www.luffnesscastle.co.uk

ANREISE (AUTO): A1 London-Edinburgh in Haddington auf die A6137. Über Aberlady nach North Berwick.
HAUS AUS DER EPOCHE: Grundbau aus dem 12. Jh.
VOM HAUS: Einsam steht Luffness Castle im Wald, welcher an das Meer des «Firth of Forth» in der «Aberlady Bay» stößt. Meist ist es Landlord George Hope, der dem ankommenden Gast die schwere Türe öffnet. Seit über 250 Jahren bewohnt die Familie das Haus. Während George Hope vor dem in Stein gehauenen «Coat of Arms» mit den Familienwappen der Hope und Montagu seine Pfeife stopft, beginnt er, aus der Geschichte von Luffness zu erzählen. „Im Jahre 1544 stand der Engländer Lord Hertsford, ein Verwandter von Edward VI, mit seinen Truppen im nahe gelegenen Heddington. Es gelang ihm nicht, die unter schottischer Flagge stehende Bastion «Luffness Royal Castle» sowie den Hafen von Aberlady einzunehmen." Zur gleichen Zeit wurde auch Mary, Queen of the Scots, als Baby von Edinburgh Castle nach Frankreich in Sicherheit gebracht. Heu-

SCHOTTLAND FESTLAND

te, 450 Jahre später, hat Luffness noch immer den Charme eines alten Schlosses bewahren können. Im Zimmer fühlen wir uns zurückversetzt in die Zeit von Königin Viktoria.

ÜBER SPEIS UND TRANK: Einzelgästen im Luffness Castle wird nur das Frühstück serviert. Für Hochzeiten und Gesellschaften gibt es spezielle Angebote auf Anfrage.

ZUR UMGEBUNG: Der sogenannte «Coastal Trail» führt uns von Musselburgh bei Edinburgh über New Berwick (lange Sandstrände) in den alten Hafenort Dunbar, wo das berühmte «Belhaven 80 Shilling» seit 1719 gebraut wird. Der Kaiser von Österreich soll die Bierspezialität einmal als den Burgunder Schottlands bezeichnet haben! Von Dunbar geht es zurück nach Musselburgh über den «Hillfoots Trail», vorbei am kleinen Dorf Gifford mit seinen gemütlichen Gasthäusern und der «Glenkinchie Distillery» in Pencaitland, wo seit 1830 der bekannte «Edinburgh Malt» mit seinem Zitronenduft hergestellt wird.

LEITUNG DES HAUSES: Anna und George Hope.

GEÖFFNET: Ganzjährig.

KÜCHE: Nur Frühstück. Spezielle Regelung für Hochzeiten und Gruppen.

ANZAHL ZIMMER: 10.

ZIMMERPREISE: 80 £.

FÜR DEN GAST: Ballraum und Kapelle für Hochzeiten. Suzie Gillespie ist spezialisiert auf die Organisation von Hochzeiten (www.asyoulikeitweddings.co.uk). Golfplätze in der Nähe.

SCHOTTLAND FESTLAND

THE MALMAISON
278, WEST GEORGE STREET
GLASGOW, G2 4LL
TEL: 0141 572 1000
FAX: 0141 572 1002
E-Mail: glasgow@malmaison.com
Internet: www.malmaison.com

ANREISE (AUTO):   Im Zentrum von Glasgow. Keine Hotel-Parkplätze.

HAUS AUS DER EPOCHE: 1839.

VOM HAUS: Stehen wir von dem Haus, das sich im Geschäftsviertel von Glasgow befindet, so dominieren die schlichten Strukturen der Fassade der ehemals griechisch-orthotoxen Kirche. Durch eine kleine Türe gelangen wir zur Rezeption und der Art Déco Eisentreppe des 1994 umgebauten Hotels. „Unsere Gäste schätzen den informellen Stil des Hauses, die Anonymität eines Stadthotels und die zurückhaltend-persönliche Betreuung", erklärt Porter Frank Turnbull, während er uns mit dem Vornamen anspricht und uns die Annehmlichkeiten des Hauses erklärt. Viele Einheimische kommen ins «Mal», um mit Freunden in der französisch-mediterranen Cafébar oder in der «Brasserie de Malmaison» einzukehren.

ÜBER SPEIS UND TRANK: Die «Brasserie de Malmaison» bietet ganztags eine Auswahl an feinen Gerichten und Drinks. Auf der auf die vier Jahreszeiten zugeschnittenen Karte finden wird z.B. einen «Summer Country Salad» (5.95 £) oder einen «Lemon steamed Halibut» (15.95 £). Zum Dessert, welche alle 4.95 £ kosten, gibt es z.B. «Chocolate Cappuccino Tart» oder einen «Summer Berry Pudding» neben feinen Kaffeespezialitäten.

SCHOTTLAND FESTLAND

ZUR UMGEBUNG: Glasgow mit seinem River Clyde gilt historisch gesehen als eine der bedeutendsten Hafenstädte des Vereinigten Königreichs. Über 35 000 Schiffe wurden hier gebaut; so auch die 293.5 m lange «QE II», die am 20. September 1967 von Königin Elizabeth getauft wurde. Die Geschichte der Schifffahrt kann heute einerseits im «Museum of Transport» oder beim Besuch der verschiedenen Hafengebäude erlebt werden. Ein besonderes Erlebnis ist die Fahrt mit dem letzten seegängigen Raddampfer «Waverley», welcher am «Waverley Terminal» bei der Kingston Bridge festmacht. Das 72 m lange Schiff wurde 1947 in Glasgow gebaut. Das mit einer Drei-Zylinder-Maschine angetriebene Schiff fährt von Frühling bis Herbst rund um die britischen Inseln. Von Glasgow aus werden Tagesausflüge entlang des River Clyde und zu den Inseln wie Arran, Bute und Man angeboten (www.waverleyexcursions.co.uk). Glasgow ist auch Heimat von Charles Rennie Mackintosh (1868-1928), dem berühmten Architekten und Designer, welcher den Jugendstil mit der Schlichtheit japanischer Formen zu einer neuen Formensprache vereinte (www.crmsociety.com). «The Willow Tea Room» ist nur wenige Fußminuten vom Malmaison entfernt.
LEITUNG DES HAUSES: Anthony Thwaites.
GEÖFFNET: Ganzjährig.
KÜCHE: International.
ANZAHL ZIMMER: 72.
ZIMMERPREISE: 63 £ - 145 £ (ohne Frühstück).
FÜR DEN GAST: «Brasserie», «Gymtonic», Konferenzräume.

SCHOTTLAND FESTLAND

MONACHYLE MHOR
BALQUHIDDER
LOCHEARNHEAD, PERTHSHIRE, FK19 8PQ
TEL: 01877 384 622
FAX: 01877 384 305
E-Mail: info@monachylemhor.com
Internet: www.monachylemhor.com

ANREISE (AUTO):   Von Callander 17 km auf der A84, beim Kinghouse Hotel Richtung Westen. Dann 10 km dem Loch Voil entlang (Einspurige Strasse mit Ausweichstellen!).
HAUS AUS DER EPOCHE: 17. Jh.
VOM HAUS: Über 300 Jahre diente das einsam am Südhang von «Loch Voil» gelegene «Monachyle Mhor» als Bauernhaus. Dann wurde daraus einfaches «Farmhouse Bed & Breakfast», wo die Gäste zusammen mit der Bauernfamilie unter dem gleichen Dach wohnten. Tom und seine Frau Angela haben das Haus von den Eltern übernommen und daraus ein kleines aber feines Hotel gemacht. Im Erdgeschoss finden wir neben Bar und Esstischen im Glasbau die ehemalige Stube der Bauernfamilie, wo ein beruhigendes Feuer brennt und weiche Fauteuils für allfälligen Stressabbau sorgen. Der «Bruichladdich» auf dem Holzregal mit seinem Duft nach Heidekraut und seinem Geschmack nach Torf kann genau das Richtige zur Einstimmung auf das Abendessen sein. Erwacht man am Morgen, so erblickt man vom Zimmer aus das Tal mit einem See und den dahinter liegenden Bergen. Alle geschmackvoll eingerichteten Zimmer sind mit Dusche, Bad und WC ausgestattet.
ÜBER SPEIS UND TRANK: „Bei meinen Kreationen verschmilzt die französische Küche mit dem, was in Schottland saisonal

SCHOTTLAND FESTLAND

erhältlich ist," erzählt Tom. „Das Lammfleisch kommt von der Farm meines Vaters." Zum Frühstück findet der Gast eine Menükarte auf dem weiß gedeckten Tisch. Nicht nur gibt es die übliche Auswahl, die ein «Scottish Breakfast» ausmachen, sondern auch unvergessliche Highlights wie «Smoked Kipper».
ZUR UMGEBUNG: Gleich hinter dem rosa Gasthaus beginnt der Südhang, der uns in 2.5 Stunden Wanderzeit zum 1164 m hohen «Stobinian» führt. Auf dem höchsten Punkt des kuppelförmigen Bergs eröffnet sich uns der Blick in die Bergwelt der «Trossachs» und ins nördliche Nachbartal Glen Dorchart. Fährt man mit dem Auto dem «Loch Voil» entlang zurück, so trifft man im Weiler Balquhidder auf eine kleine Kirche, wo das Grab von Rob Roy MacGregor – Schottlands Robin Hood gest. 28. Dez. 1734 – steht. In etwa 40 Autominuten gelangt man ans Loch Katrine, wo das Dampfschiff Sir Walter Scott wartet (www.lochkatrine.org.uk). Nach knapp einer Stunde Fahrt durch das kristallklare Wasser erreicht man «Stronachlachar». Malt Whisky Destillerien gibt es in der näheren Umgebung gleich zwei: «Glengoyne» in Strathblane (A81 Callander – Glasgow) und «Glenturret» in Crieff (A85 Lochearnhead – Perth).
LEITUNG DES HAUSES: Angela und Tom Lewis
GEÖFFNET: Ganzjährig.
KÜCHE: Eine Mischung aus Schottland und Frankreich. Kürzlich erhielt Chef Tom Lewis mit seiner Saisonküche den «Macallan Taste of Scotland Award».
ANZAHL ZIMMER: 10 im Gasthaus. «Courtyard Cottages» als Ferienhäuschen.
ZIMMERPREISE: 43 £ - 70 £.
FÜR DEN GAST: «Cosy Bar», «Lounge» mit Kaminfeuer.

SCHOTTLAND FESTLAND

**MUCKRACH LODGE HOTEL
DULNAIN BRIDGE
GRANTOWN-ON-SPEY, INVERNESS-SHIRE,
PH26 3LY
TEL: 01479 851 257
FAX: 01479 851 325**
E-Mail: info@muchrach.co.uk
Internet: www.muchrach.co.uk

ANREISE (AUTO): Dulnain Bridge liegt an der A95, die Aviemore mit Grantown-on-Spey und Forres verbindet. Das Haus befindet sich wenige Hundert Meter außerhalb an der A938 Richtung Inverness.

HAUS AUS DER EPOCHE: 1860.

VOM HAUS: „Muckrach Lodge war bis 1965 ein Privathaus inmitten der mit einem Fichtenwald durchsetzten Weidelandschaft", bemerkt beim Empfang Susan Caird, deren Mann in Aviemore eine große Skischule hatte. „Auch heute kommen im Winter Gäste zu uns, die in den 30 km entfernten «Cairngorms» skifahren." Das Haus wurde als viktorianische «Sporting Lodge» gebaut, in der Zeit, als die Eisenbahn ins schottische Hochland kam und die Gegend für die Ober- und Mittelschicht aus den Industriezentren erreichbar wurde.

ÜBER SPEIS UND TRANK: Die Küche erhielt den «Gold Award» für seine umweltgerechte Bewirtschaftung. „«The best food from Scotland» ist unsere Devise", bemerkt der Gastgeber. „Unser Fleisch beziehen wir von einem örtlichen Metzger." Auf der täglich wechselnden Karte werden wir die «Carrot, Orange & Ginger Soup» (2.95 £) sowie das «Rump Steak» vom Holzkohlegrill (13.95 £) noch lange in guter Erinnerung behalten.

SCHOTTLAND FESTLAND

ZUR UMGEBUNG: Gleich hinter dem Haus entdecken wir inmitten der Schafweide den dominanten Turm von «Muckrach Castle». Unweit treffen wir in Broomhill auf die historische «Strathspey Steam Railway» (www.strathspeyrailway.co.uk), welche uns in 40 min nach Aviemore bringt. Dort weitet sich das Tal des «River Spey» in eine einzigartige Landschaft mit dem «Cairngorm» Nationalpark und den bis 1295 m hohen Gipfeln. Für Whiskyliebhaber werden die Ausflüge entlang des «Malt Whisky Trail» unvergesslich, denn nicht weniger als elf Malt Whisky Destillerien befinden sich in der näheren Umgebung. Die Nächstgelegene finden wir in Tomatin an der Strasse nach Inverness, wo ein malziger, gold- bis bronzefarbener Malt destilliert wird.

LEITUNG DES HAUSES: Dawn und James Macfarlane.

GEÖFFNET: Ganzjährig. Zwei Wochen im Januar geschlossen. Januar und Februar nur Mittwoch - Sonntag geöffnet.

KÜCHE: Ein Höhepunkt für Mund und Auge. Alles ist hausgemacht.

ANZAHL ZIMMER: 14.

ZIMMERPREISE: 60 £ - 90 £. Günstige Nebensaison-Tarife auf Anfrage.

FÜR DEN GAST: Gemütliche Hausbar, Wintergarten «The Conservatory», «The Finlairg» Restaurant. Gepflegte Weinkarte.

SCHOTTLAND FESTLAND

NEW LANARK MILL HOTEL
MILL ONE
NEW LANARK MILLS, LANARK, ML11 9DB
TEL: 01555 667 200
FAX: 01555 667 222
E-Mail: hotel@newlanark.org
Internet: www.newlanark.com

ANREISE (AUTO):   A74 (M) Carlisle - Glasgow, Ausfahrt Nr. 12 oder Nr. 10, dann A70 resp. A72.

HAUS AUS DER EPOCHE: 1785.

VOM HAUS: Während knapp 200 Jahren, d.h. bis 1968, war «Mill No.1» als große Weberei Teil der Industriesiedlung von New Lanark. Danach wurde der Bau von einem Altmetallhändler genutzt. Allmählich zerfiel das markante, direkt am Fluss Clyde gelegene fünfstöckige Gebäude. 1998 eröffnete der «New Lanark Conversation Trust» im historisch bedeutsamen Gebäude ein Hotel. Die industrielle Vergangenheit des Hauses wurde mit den Wohn-Bedürfnissen des modernen Menschen symbiotisch verbunden. Betrachten wir die Decken, so erkennen wir die alte Tragkonstruktion zur Aufnahme der schweren Maschinen wieder. Ebenso sehen wir alte Fotografien aus der Blütezeit der Bauwollindustrie.

ÜBER SPEIS UND TRANK: Auf der Karte, die von Chef Raymond Baudon täglich gewechselt wird, finden wir neben à-la-carte Speisen auch ein 2-Gang-Menü zu 16.85 £ mit Vorspeisen wie «Creamy Stilton and Walnut Pâté» um dann zu diversen Fleisch-, Fisch-, Geflügel- oder Teigwarengerichten überzuleiten. Zum Dessert (Aufpreis 2.90 £) gibt's eine Auswahl an hausgemachten Cremen, Torten und Eisspezialitäten.

SCHOTTLAND FESTLAND

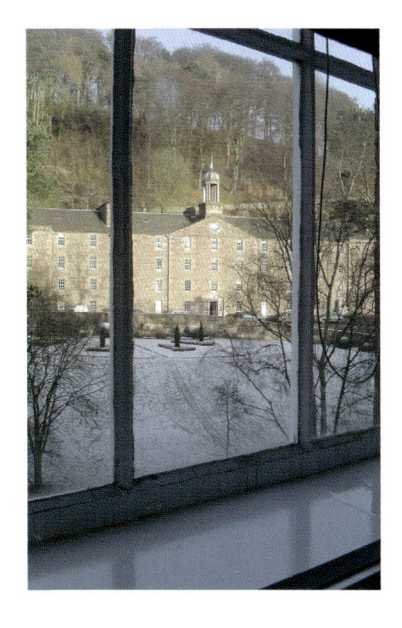

ZUR UMGEBUNG: New Lanark wurde 1785 von David Dale als völlig neue Industriesiedlung gebaut. Unter der Leitung von Dales Schwiegersohn Robert Owen (1771-1858) entwickelte sich der Ort zu einer Mustergemeinde, wo Sozial- und Bildungsreformen die Lebensqualität der Arbeiter verbesserten. Bereits 1816 gründete er das «Institute for the Formation of Character», welches heute als Museum neu auflebt und als weltweit erste Kleinkinderschule gilt. Neben Lesen, Schreiben und Rechnen waren auch Geografie, Geschichte und Kunst ein wichtiges Anliegen von Robert Owen. Spannend ist es auch, im «New Lanark Village» authentisch restaurierte Dorfläden – Vorbild für die Co-op-Bewegung und die Pioniere von Rochdale – und Arbeiterwohnungen zu besuchen. Der einmalige Ort sowie die reizvolle Umgebung am «River Clyde» animieren zu einem mehrtätigen Aufenthalt (www.sled.org.uk).
LEITUNG DES HAUSES: Bernhard Alessi.
GEÖFFNET: Ganzjährig.
KÜCHE: Schottisch-saisonal.
ANZAHL ZIMMER: 38. 7 «Waterhouse» Ferienwohnungen direkt am River Clyde.
ZIMMERPREISE: 45 £ - 70 £. Dinner, Bed & Breakfast 54.50 £ ab zwei Nächten.
FÜR DEN GAST: «Level Two Bar», Konferenz- und Festräume.

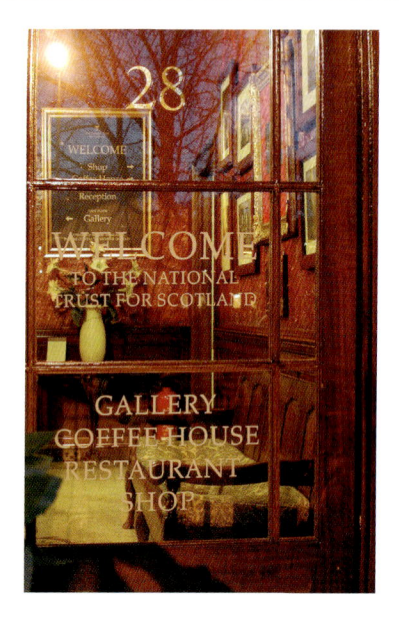

**NO. 28 CHARLOTTE SQUARE
EDINBURGH, EH2 4ET
TEL: 0131 243 9300
FAX: 0131 243 9301**
E-Mail: catering@nts.co.uk
Internet: www.nts.co.uk

ANREISE (AUTO):   Im Zentrum von Edinburgh, wenige hundert Meter von der Princes Street entfernt. Beschränkte Parkplatzmöglichkeiten!
HAUS AUS DER EPOCHE: 1796.
VOM HAUS: Das Restaurant No. 28, Charlotte Square ist Teil einer großzügigen Platzrand-Bebauung in Edinburghs «New Town». Der Entwurf zum georgianischen Stadtteil stammte vom Architekten Robert Adam. Diese neuen Quartiere wurden im 18. Jh. nötig, als die alte Stadt um das Schloss mit der berühmten «Royal Mile» dem Bevölkerungswachstum nicht mehr genügen konnte. Das Quartier um die «Charlotte Square» mit den attraktiven «Town Houses» war bald schon das Zuhause für gutsituierte Landbesitzer. Während des 20. Jh. wandelte sich die «Neustadt» zunehmend in ein Geschäftsquartier mit vielen Büros. Im Jahre 1996 – also genau 200 Jahre nach dem Bau der «Charlotte Square» – ging die Häuserzeile No. 26 bis No. 31 in den Besitz des «National Trust for Scotland» über.

SCHOTTLAND FESTLAND

ÜBER SPEIS UND TRANK: Im mit dem Siegel «Taste of Scotland» ausgezeichneten Restaurant und Kaffeehaus werden bis 16 Uhr Snacks, hausgemachte Kuchen und Mahlzeiten serviert. Zu den Spezialitäten gehören 3-Gang-Menüs, wie z.B. Makrelensalat, gefolgt von Spinat-Käse-Soufflé und einem Stück Aprikosentorte. Auf der Getränke-Karte finden wir verschiedene Tees, Kaffees und Schokoladen ebenso wie Flaschenbiere und erstklassige Weine, die auch im 1/8-Liter-Glas serviert werden.
ZUR UMGEBUNG: Das Gebiet von Edinburghs «New Town» zieht sich von der «North Bridge» über «St. Andrew Square» bis hin zur «Charlotte Square». Gleich vis-à-vis des Restaurants finden wir das sog. «Georgian House» aus dem Jahre 1796. Das heutige Museum mit seinen edlen Möbeln, den Gemälden, dem Porzellan und dem zeitgenössischen Silber führt uns in das gesellschaftliche Leben vor 200 Jahren ein.
LEITUNG DES HAUSES: Lesley Fair.
GEÖFFNET: Montag – Samstag: 9:30 und 17:00. Geschlossen am 25. / 26. Dezember sowie am 1. / 2. Januar.
KÜCHE: Slow-food, britisch-saisonal und täglich wechselnd. Grosse Dessert- und Kuchenauswahl.
ANZAHL ZIMMER: Keine.
FÜR DEN GAST: Stadtwohnung «Gladstone's Land» in der «Royal Mile», die gemietet werden kann.

SCHOTTLAND FESTLAND

**THE OLD INN
GAIRLOCH, WESTER ROSS, IV21 2BD
TEL: 01445 712 006
FAX: 01445 712 445**
E-Mail: nomadscot@lineone.net
Internet: www.theoldinn.co.uk

ANREISE (AUTO):   Von Inverness 50 km auf der A835 Richtung Nordwesten. Nach «Loch Garve» entweder auf der A835 über «Loch Glascarnoch», «Little Loch Broom» und «Loch Ewe» oder über die A832 über «Loch Maree» nach Gairloch. Das Haus befindet sich im Weiler «Charlestown», ca. 3 km südlich von Gairloch.

HAUS AUS DER EPOCHE: 18. Jh.

VOM HAUS: Laut der Geschichte war das Haus an der Brücke schon immer eine Wirtschaft, welche auch Zimmer hatte. Das ehemalige Coaching Inn ist heute nach einem stilvollen und sanften Umbau durch die Besitzer Ute und Alistair der perfekte Ort um an der wild-romantischen Westküste von Schottland eine Pause einzulegen. Auch ohne Strapazierung des Geldbeutels kann der Gast hier einem kulinarischem Feuerwerk beiwohnen. Entsprechend betriebsam ist es im Gasthaus. „Unser Gasthaus soll wie eine Skihütte in den Alpen ein Treffpunkt für jedermann sein, der Geselligkeit sucht," erläutert das perfekt deutsch sprechende Gastgeber-Paar. Entsprechend heimelig ist es in der Gaststube, wo Tische aus Fichtenholz und liebevoll genähte Vorhänge zum Verweilen einladen.

ÜBER SPEIS UND TRANK: Fischspezialitäten, Meeresfrüchte, gegrillte Steaks und Lamm je nach Fang im nahen Hafen und dem Marktangebot. Dem Chef Chris Bentley gelingt es, mit

SCHOTTLAND FESTLAND

einmaligen Fisch- und Meeresfrüchte-Gerichten zu überraschen. Uns begeisterte das simpel klingende, jedoch meisterhaft zubereitete «Fish & Chips» im knusprigen Bierteig zu 8.25 £. Dazu gibt es sechs verschiedene Offenbiere zur Auswahl, «Cask conditioned Real Ale», wie Alistair sagt.

ZUR UMGEBUNG: „Unsere Berge sind die Heimat vieler Dudelsack-Pfeifer," erzählt Alistair. „Unsere Musik verschmilzt mit der Landschaft zu einer unbeschreiblichen Harmonie." Auch der berühmte Musiker, Komponist und Poet Iain Dall Mackay, der mit sieben Jahren erblindete, wurde 1656 in Gairloch geboren. Der aufstrebende Fischerort Gairloch beherbergt heute eine Anzahl kleiner Geschäfte und Cafés. Der Naturhafen – von wo aus Boote zu den vorgelagerten Inseln und den Vogelreservaten fahren – wird auch von Seglern geschätzt. Geplant ist auch eine Bootsverbindung nach Portree auf Skye.

LEITUNG DES HAUSES: Ute und Alistair Pearson.
GEÖFFNET: Ganzjährig.
KÜCHE: Britisch-saisonal mit internationalen Akzenten. Alles ist hausgemacht.
ANZAHL ZIMMER: 14.
ZIMMERPREISE: 20 £ - 45 £. Ermäßigung ab 2 Nächten.
FÜR DEN GAST: Gartenwirtschaft. Schottische Volksmusik täglich von Juni - August, außer Sonntag, in der restlichen Zeit am Freitag. Kochkurse und «Well-being»-Programme im Winter. Es wird fließend deutsch gesprochen.

SCHOTTLAND FESTLAND

OLD PINES
SPEAN BRIDGE
BY FORT WILLIAM, PH34 4EG
TEL: 01397 712 324
FAX: 01397 712 433
E-Mail: goodfood@oldpines.co.uk
Internet: www.oldpines.co.uk

ANREISE (AUTO):   A82 Richtung Norden. 2 km nach Spean Bridge, beim «Commando Memorial», auf die B8004 Richtung Gairlochy.
HAUS AUS DER EPOCHE: 1975.
VOM HAUS: Vom Alter her wäre «Old Pines» nicht besonders historisch. Trotzdem scheint das Haus im alten Tannenwald das Geheimnis britischer Gastfreundschaft zu bewahren. Die Atmosphäre im Blockhaus ist herzlich-unkompliziert. Der Gastraum ist eine Mischung aus nordischem Wohnzimmer mit Sofas, Schwedenofen und Essbereich mit Blick in den Tannenwald. „Zu unseren regelmäßigen Gästen gehören Leute aus London, die für ein verlängertes Weekend zu uns kommen," bemerkt Engländer Bill Barber in seinem grünen Kilt. Das feine Porridge, der frischgepresste Orangensaft und der fabelhafte «Smoked haddock» zum Frühstück werden mir noch lange in Erinnerung bleiben.
ÜBER SPEIS UND TRANK: „Für unser Slow-Food Restaurant beziehen wir die Rohstoffe aus der Umgebung. Wenn immer möglich wählen wir nach biologischen Richtlinien und umweltgerechten Methoden hergestellte Zutaten," sagt Sukie, die persönlich in der Küche amtet. Das Menü zu 32 £, das ab 19.30 Uhr serviert wird, wechselt täglich. Auf der Weinkarte finden

Sie ca. 100 Flaschen aus französischen, australischen und neuseeländischen Weingütern. Viele sind Raritäten, die teilweise weniger als 20 £ kosten, z.B. einen «Château l'hospitalet de Gazin 1995» aus Pomerol. Zu Essen gab's «Mallaig Fish Soup», «Isle of Mull Prawn and home-smoked Salmon with Salad», «Roast Leg of Scotch Lamb, Risotto, Roast Potatoes, Ratatouille, Savoy Cabbage with Garlic and Juniper» und als fünfter Gang eine Platte mit sechs unwiderstehlichen «Scottish Farmhouse Cheeses».

ZUR UMGEBUNG: Sozusagen vor der Haustüre liegt das Gebiet des Ben Newis. Mit seinen 1343 m ist er der höchste Berg des Vereinigten Königreichs. Im Winter kann auf der «Nevis Range» Ski gefahren werden (www.newis-range.co.uk / www.ski-scotland.com). Die ganze Ausrüstung kann an der Talstation gemietet werden. Die Berglandschaft mit dem Meeresarm «Loch Eil» bei Fort William ist ein einmaliges Erlebnis. Ein Geheimtipp ist Corrour Station, die nur per Bahn zu erreichen ist. Von hier aus wandert man durch die Moorlandschaft nach Rannoch Station oder ans abgelegene «Loch Ossian».

LEITUNG DES HAUSES: Sukie und Bill Barber.

GEÖFFNET: Ganzjährig, außer Weihnachten. Montag geschlossen.

KÜCHE: Slow-food, britisch-saisonal. Grosse Weinkarte mit Raritäten.

ANZAHL ZIMMER: 8.

ZIMMERPREISE: 43 £ - 53 £. Dinner, Bed & Breakfast 80 £. Ermäßigungen ab 3 Nächten.

FÜR DEN GAST: Das Haus ist ebenerdig angelegt und rollstuhlgängig.

OLD SCHOOL HOTEL
INSHEGRA
KINLOCHBERVIE, SUTHERLAND, IV27 4RH
TEL: 01971 521 383

ANREISE (AUTO):   Von Ullapool der Westküste entlang, von Norden über Tongue-Durness oder von Inverness-Tain-Loch Shin.

HAUS AUS DER EPOCHE: 1879.

VOM HAUS: Knapp 100 Jahre, d.h. bis 1971 gingen im unscheinbar oberhalb an der Strasse nach Kinlochbervie gelegen Haus die Kinder von Kinlochbervie zur Schule. Dann bezog die «Kinlochbervie Primary School» im Dorf ein neues, grösseres Gebäude. Die Familie Burt eröffnete noch im selben Jahr das «Old School Restaurant» und im Jahre 1988 kamen im neu erstellten Nebengebäude noch sechs Gästezimmer dazu, das «Old School Hotel» entstand. Beim Eintreten in die Gast-Stube empfängt uns die Atmosphäre eines gemütlichen, unkomplizierten Bistros, wo der Gast kulinarische Höhenflüge zu günstigen Preisen erleben kann. Während alte Schulkarten und Schulklassen-Fotos die lila gestrichenen Wände zieren, entdecken wir auf der alten Wandtafel die angebotenen Speisen. Die frischen Nelken auf den Tischen, zusammen mit den gestickten Tischtüchern, ergänzen die festliche Stimmung in der Stube!

ÜBER SPEIS UND TRANK: In der Küche wirkt Margret Burt persönlich. Neben ihren Spezialitäten wie «Local Haggis» (als Vorspeise 1.80 £), oder mariniertem Hering finden wir zur Hauptspeise, im täglich wechselnden Angebot, Leckereien wie «Haddock in Cheese, Wine&Prawn Sauce» (9.50 £). Zum Dessert gibt's z.B. «Sommer Fruit Pudding» mit frischem Rahm.

SCHOTTLAND FESTLAND

ZUR UMGEBUNG: Kinlochbervie gehört zu den Geheimtipps des Schottlandfreundes. Heute wohnen rund 400 Menschen in der Streusiedlung am «Loch Inchard». Die tief in das grüne Land hineinragenden Meeresarme, die Klippen der rauen Westküste und die friedlich grasenden Kühe und Schafe sind bezaubernd. Ein beliebtes Ziel ist die «Sandwood Bay», welche nur zu Fuß zu erreichen ist. Man parkt das Auto am Ende der Strasse bei Sheigra, um dann in etwa zwei Stunden Fußmarsch den einsamen Sandstrand zu erreichen. In dieser einsamen Gegend soll gemäß den Einheimischen schon so manches Schiff gestrandet sein. Doch seit der Errichtung des Leuchtturms von «Cape Wrath» im Jahre 1828 durch den bekannten Ingenieur Robert Stevenson, wurde die nordwestlichste Ecke Schottlands bedeutend sicherer für die Seeleute. Kinlochbervie ist einer der bedeutendsten Fischereihäfen Schottlands. Regelmäßig fahren Lastwagen mit frischen Meeresfrüchten von hier nach Spanien.
LEITUNG DES HAUSES: Margret Burt.
GEÖFFNET: Anfang März - Ende Oktober.
KÜCHE: Wie zu Großmutters Zeiten.
ANZAHL ZIMMER: 6.
ZIMMERPREISE: 20 £.
FÜR DEN GAST: Kleine Stehbar mit Aperitifs und einer guten Whisky-Auswahl.

SCHOTTLAND FESTLAND

**POLLOCK HOUSE
POLLOCK COUNTRY PARK
2060 POLLOCKSHAWS ROAD
GLASGOW, G43 1AT
TEL: 0141 616 6410
FAX: 0141 616 6521**
E-Mail: pollockhouse@nts.org.uk
Internet: www.nts.org.uk

ANREISE (AUTO):   M77 Ausfahrt Nr. 1 oder 2, dann den Wegweisern «Burrell Collection» folgen.
HAUS AUS DER EPOCHE: 1752.
VOM HAUS: «Pollock House» mit seinem «Edwardian Kitchen Restaurant» ist sicher eines der außergewöhnlichsten «historischen» Gebäude Schottlands. Das Haus im Südwesten des Stadtzentrums von Glasgow ist gleichzeitig Museum und Gasthaus mit einem Namen weit über die Stadtgrenzen hinaus. In den 42 einstigen Räumen für die Bediensteten im Kellergeschoss finden wir neben den aufgefüllten Vorratsräumen auch das «Edwardian Kitchen Restaurant». Die meisten Besucher kommen wegen der einmaligen Gemäldesammlung hierher. Das Haus wurde von Sir John Maxwell (1686-1752) als Ersatz für das alte, aus der Mode gekommene Schloss aus dem 14. Jh. erbaut. 1905, zur Regierungszeit von König Edward VII beauftragte Sir John Stirling Maxwell den Architekten Rowand Anderson mit den west- und ostseitigen eleganten Seitenflügeln des Hauses.
ÜBER SPEIS UND TRANK: In der Küche amtet Ian Young. Er zaubert z.B. eine «Sweet Potato, Bramble Apple, Dunlop Cheese and Crème Fraiche Pie» (5.75 £) auf den Tisch. Zu seinen täg-

SCHOTTLAND FESTLAND

lich wechselnden Spezialitäten gehört «Parsnip, fresh ginger and orange soup» ebenso wie Lachs-Zwiebel-Kuchen. Außer vier verschiedenen Sandwichs gibt's auch eine Auswahl an unwiderstehlichen Desserts und Kuchen. Die «Scones, baked to the original Glasgow Dough School» – warme Brötchen mit Rosinen – werden zum «Afternoon Tea» mit Butter und Konfitüre serviert.

ZUR UMGEBUNG: Während wir im Innern von «Pollok House» auf eine der wohl geschmackvollsten Kunstsammlungen stoßen, eröffnet sich uns im «Pollock Country Park» eine einmalige Oase inmitten der City von Glasgow. Nach einer Idee von John Stirling Maxwell (1866-1956) und einiger seiner engsten Freunde wurde im Jahre 1931 im «Pollok House» der «National Trust for Scotland» (www.nts.org.uk) gegründet. Seither kümmert sich die Organisation um die Erhaltung wichtiger Kulturgüter und Landschaften in Schottland. Gleich nebenan beginnt der riesige, 146 ha große Park mit seinem Rosen-, Früchte- und Gemüsegarten, dem Haus mit der «Burrell Collection» (u.a. Töpfereien aus China, Griechenland und Italien) und dem Wald im Norden. In dem 73 ha großen Mischwald kommen mächtigen Birken, Buchen, Eichen, Eschen und Raritäten wie die Amerikanische Roteiche vor.

LEITUNG DES HAUSES: Robert Ferguson.
GEÖFFNET: Ganzjährig von 10 – 17 Uhr. Am 25./26. Dez. sowie am 1./2. Jan geschlossen.
KÜCHE: Slow-food, britisch-saisonal und täglich wechselnd. Grosse Dessert- und Kuchenauswahl.
ANZAHL ZIMMER: Keine.
FÜR DEN GAST: «Pollock Country Park» und «Burrell Collection».

SCHOTTLAND FESTLAND

**POOL HOUSE
POOLEWE, WESTER ROSS, IV22 2LD
TEL: 01445 781 272
FAX: 01445 781 403**
E-Mail: enquiries@poolhousehotel.com
Internet: www.poolhousehotel.com

ANREISE (AUTO):   Von Inverness 50 km auf der A835 Richtung Nordwesten. Nach «Loch Garve» entweder auf der A835 über «Loch Glascarnoch» und «Little Loch Broom» oder auf der A832 über «Loch Maree» und Gairloch nach Poolewe.

HAUS AUS DER EPOCHE: 18. Jh.

VOM HAUS: Die geschichtliche Bedeutung von Pool House geht zurück auf Osgood Mackenzie (1842-1922), welcher hier wohnte und den weltberühmten, heute dem «National Trust for Scotland» gehörenden «Inverewe Garden» gründete. 1942 war das Haus Kommandoposten der britischen Flotte. Margaret, welche von Lewis auf den äußeren Hebriden stammt, ist verwandt mit Peter Smith, dem Kapitän der Titanic. So erstaunt es nicht, dass der im Pool House einkehrende Gast fünf Themen-Suiten vorfindet, welche die Namen «Achates», «Scharnhorst», «Diadem», «Campania» und «Bramble» tragen. Während das Zimmer «Diadem» eine Firstclass-Kabine der RMS Titanic thematisiert, überrascht «Campania» mit einer viktorianischen Badewanne mit integrierter Rundumdusche.

ÜBER SPEIS UND TRANK: Zur Mittagszeit trifft man sich zum «Lunch» – welcher auf Bestellung auch Passanten für 25 £ serviert wird – oder abends zum klassischen 6-Gang-Menü (45 £). Bei Sicht auf «Loch Ewe» und «Inverewe Gardens» wird der Gast im «North by North West Restaurant» mit Gerichten von

SCHOTTLAND FESTLAND

Chef und Schwiegersohn John Moir in Staunen versetzt. Z.B. als Vorspeise Wild-Medaillons mit Haggis und Drambuie-Rahmsauce, gefolgt von gegrilltem Seebarsch, Jakobsmuscheln aus dem Loch Ewe und Tomatenrisotto. Zum Dessert ein «Hot Chocolate Pudding».

ZUR UMGEBUNG: Die Meeresbucht mit seiner einmaligen Einbettung in die Berg- und Hügellandschaft fasziniert nicht nur Maler und Naturliebhaber, sondern auch Osgood Mackenzie. Der in Frankreich geborene Schotte begann hier ab 1862 einen subtropischen Garten anzulegen. Dass dies möglich ist – der Garten liegt mit 57.8 ° Nord ungefähr auf der Höhe der Hudson Bay in Kanada – ist dem Einfluss des Golfstroms zu verdanken. So kann es vorkommen, dass bereits im Februar der Rhododendron blüht. Im 20 ha großen Gartenpark treffen wir auf die von Mackenzie vor über 100 Jahren gepflanzten Bäume. Hosta-Bäume aus Japan finden wir hier ebenso wie den mächtigen Eukalyptus aus Neuseeland.

LEITUNG DES HAUSES: Margaret und Peter Harrison.
GEÖFFNET: Ganzjährig. Am 2. Januar geschlossen.
KÜCHE: Ein Höhepunkt für Mund und Auge. Alles ist hausgemacht.
ANZAHL ZIMMER: 5 Suiten mit eigenem Wohnzimmer.
ZIMMERPREISE: 125 £ - 350 £. Ermäßigung ab 3 Nächten.
FÜR DEN GAST: «Loch Ewe», «Inverewe Gardens» und geheiztes «Poolewe Swimming Pool» vor der Haustüre. Pool House ist mit dem «Green Tourism Gold Award» ausgezeichnet.

SCHOTTLAND FESTLAND

**2 QUAIL RESTAURANT
CASTLE STREET
DORNOCH, SUTHERLAND, IV25 3SN
TEL: 01862 811 811**
E-Mail: mail@2quail.com
Internet: www.2quail.com

ANREISE (AUTO):   A9 Glasgow – Inverness – Thurso. 70 km nördlich von Inverness (nach der Überquerung des «Dornoch Firth») auf die A949. Das Haus liegt an der Hauptstrasse.

HAUS AUS DER EPOCHE: 1880.

VOM HAUS: Wenig ist bekannt über die Geschichte des viktorianischen Stadthauses, welches bis zur Eröffnung als Restaurant im Jahre 1998 ein Privathaus war. Kerensa und Michael haben das Haus, in dem heute auch drei komfortable Gästezimmer bereitstehen, stilvoll und gepflegt eingerichtet. Während Chef Michael bereits am Nachmittag in der Küche beschäftigt ist, kümmert sich Kerensa um den ankommenden Gast. In der gemütlichen «Fauteuil-Lounge» wird uns ein Willkommenstrunk serviert. Dort finden wir auch einen Ofen aus Gusseisen und die Hausbibliothek. Das naturbelassene Holz in Verbindung mit der viktorianischen Verspieltheit von Tapeten und Duvets machen das Haus zu einem romantischen Ort.

ÜBER SPEIS UND TRANK: Das 3-Gang-Menü zu 32 £, welches zwischen 19.30 und 21.30 Uhr serviert wird, wechselt wöchentlich. Bei jedem Gang stehen drei Gerichte zur Auswahl. So finden wir als Vorspeise z.B. «Vension & Pigeon Terrine» an Heidelbeer-Chutney, gefolgt von knusprig gebratenem Junglamm und einem unwiderstehlichen «Caramelised Rasberry Tart» mit Drambuie-Eis.

SCHOTTLAND FESTLAND

ZUR UMGEBUNG: Die kilometerlangen Sandstrände und die grasbewachsenen Dünen lassen unendlich viel Raum nicht nur für Sonnenhungrige, sondern auch für Spaziergänge und Entdeckungen der vielseitigen Vogelwelt. Auf dem Weg vom «2Quail» zum Meer machen wir Bekanntschaft mit der Kathedrale, mit deren Bau 1224 begonnen wurde. Die Schlichtheit des Kreuzbaus und der umliegende Baumbestand fließen sanft über in die blumengeschmückten Häuserzeilen des Dorfes. Gleich hinter der Ortschaft – zwischen «Bowling Green» und «Beach» – entdecken wir den weltberühmten «Royal Dornoch Championship Golf Course», welcher 1891 von Tom Morris angelegt wurde. Seine Lage mit Blick auf die Nordsee machen den Besuch der Anlage nicht nur für Golfer zu einem einmaligen Erlebnis.
LEITUNG DES HAUSES: Kerensa und Michael Carr.
GEÖFFNET: Ganzjährig. Reservation im Winter notwendig!
KÜCHE: Slow-food, britisch-saisonal. Gepflegte Weinkarte mit französischem Schwerpunkt.
ANZAHL ZIMMER: 3.
ZIMMERPREISE: 45 £.
FÜR DEN GAST: Gemütliche Stube mit Holzofen und guten Büchern. Golfplatz in der Nähe.

SCHOTTLAND FESTLAND

**THE ROXBURGHE
HEITON
BY KELSO, BORDERS, TD5 8JZ
TEL: 01573 450 331
FAX: 01573 450 611**
E-Mail: hotel@roxburghe.net
Internet: www.roxburghe.net

ANREISE (AUTO):   Kelso liegt zwischen Jedburgh und Berwick-upon-Tweed. Von Jedburgh ca. 10 km auf der A698. In Heiton links und den Wegweisern «Roxburghe Hotel & Golf course» folgen.

HAUS AUS DER EPOCHE: 1809.

VOM HAUS: Das Haus mit seinem markanten Turm wurde zu Beginn des 19. Jh. an der Stelle gebaut, wo «Sunlaw House» stand und 1770 den Flammen zum Opfer fiel. Hier übernachtete am 5. November 1745 auch Bonnie Prince Charlie, der schottische Freiheitskämpfer. Betrachtet man das heutige Haus aus der großzügigen, südseitig angelegten Parkanlage, so fällt der zweiteilige Baukörper auf. Unmittelbar bei der Einfahrt liegt der Haupttrakt mit dem zurückhaltenden Eingang, hinter dem sich die imponierende, nach Süden orientierte «Library» öffnet. Dort wird das Mittagessen serviert. Der Aufenthalt im Roxburghe ist in jedem Fall ein Erlebnis.

ÜBER SPEIS UND TRANK: Täglich wechselt die Karte, am Mittag gibt es in der «Library» Gerichte, die um 10 £ kosten. Am Abend wird das «Table d'hôte Menu» serviert, das ca. 25 £ kostet. Für jeden Gang stehen sieben bis acht Speisen zur Auswahl. Den Kaffee sowie die hausgemachten «Petit Fours» genießt der Gast nach dem Essen in den Sofas im «Drawing Room».

SCHOTTLAND FESTLAND

ZUR UMGEBUNG: Die reizvolle Umgebung beginnt unmittelbar beim Haus. Einerseits lädt der 80 ha große Park mit seinem alten Baumbestand zu einem Spaziergang ein und andererseits macht die am «River Teviot» liegende Golfanlage neugierig. Der Golf-Architekt Dave Thomas war es, der hier wirkte. Die natürlichen Gewässer integrierte er ebenso wie die Baumgruppen. Während wir im Landesinnern bekannte Schlösser wie «Floors Castle» (www.floorscastle.com) oder «Paxton House» (www.paxtonhouse.com) finden, entdecken wir an der Nordseeküste alte Burgen und malerische Fischerhäfen. Besonders eindrucksvoll ist ein Besuch der «Holy Island» mit seiner bewegten Geschichte (Zufahrt nur bei Ebbe) und die «Farne Islands» mit seinen Papageientaucher-Kolonien (Schiff ab Seahouses).
LEITUNG DES HAUSES: William Kirby.
GEÖFFNET: Ganzjährig.
KÜCHE: Lokale Fisch- und Wildspezialitäten. Große Weinkarte.
ANZAHL ZIMMER: 25. 3 für Gehbehinderte.
ZIMMERPREISE: 60 £ - 232.50 £.
FÜR DEN GAST: In den ehemaligen Stallungen: «Beauty Suite» für Schönheitsbewusste, großer Park und Golfanlage.

SCHOTTLAND FESTLAND

THE ROYAL HOTEL
MELVILLE SQUARE
COMRIE, PERTHSHIRE, PH6 2DN
TEL: 01764 679 200
FAX: 01764 679 219
E-Mail: reception@royalhotel.co.uk
Internet: www.royalhotel.co.uk

ANREISE (AUTO): Drei Möglichkeiten: Von Callander auf der A84 nach Lochearnhead, dann Richtung Osten. Von Stirling entweder über Crieff oder auf der B827 entlang «Knaik Water».
HAUS AUS DER EPOCHE: 1765.
VOM HAUS: Lange Zeit war das heutige Royal Hotel inmitten des Marktorts Comrie ein Coaching Inn. Nachdem das Haus mit seinen Massivstein-Mauern schon über einhundert Jahre eine Herberge war, kam Königin Viktoria am 21. Juni 1883 hierher. Nach ihrem Aufenthalt konnten die damaligen Besitzer das Haus auf «Royal Hotel» umbenennen. Noch heute wird der Gast königlich empfangen. Während sich Teresa und Jerry Milsom um den Gast kümmern, kocht Jerrys Bruder David. Ursprünglich waren die Leute Farmer in England. Ein regelmäßiger Besucher des Royal Hotel ist Christopher Booth, welcher in Crieff biologisches Gemüse pflanzt und dieses auch dem Royal Hotel liefert.
ÜBER SPEIS UND TRANK: „Bei meinen Kreationen verschmilzt die europäische Küche mit dem, was in Schottland saisonal erhältlich ist", erzählt David während wir in der «Lounge Bar» ein «Roasted Vegetable Risotto» (6.95 £) genießen. Die täglich wechselnde Karte bietet «gutbürgerliche Speisen» zu einem ausgezeichneten Preis-Leistungs-Verhältnis. Abends wird das

SCHOTTLAND FESTLAND

Essen (3-Gang-Menü zu 26.50 £) wahlweise in der informellen «Brasserie» oder im festlichen «Dining Room» serviert.

ZUR UMGEBUNG: Perthshire gilt unter Kennern als die lieblichste Gegend Schottlands. Hier ist die Landschaft eine Mischung von schroffen Bergen, stillen Seen und grünen Tälern. Auch Schottlands Nationaldichter Robert Burns ließ sich von den Märchenwäldern, den versteckten Wasserfällen und den Lachsflüssen inspirieren. Der Schotte Martin Forsyth organisiert geführte Wandertouren für Deutschsprachige in Perthshire, auf den Inseln und in Irland (www.wandern-schottland.de). Das nahe gelegene Crieff ist bekannt durch die «Glenturret Distillery» (www.glenturret.com). In etwa 40 Autominuten gelangt man ans Loch Katrine, wo das Dampfschiff Sir Walter Scott wartet (www.lochkatrine.org.uk). Nach knapp einer Stunde Fahrt durch das kristallklare Wasser legt es am einsamen Steg in «Stronachlachar» an. Malt Whisky Destillerien gibt es in der näheren Umgebung in Strathblane («Glengoyne»), in Doune («Deanston»), in Pitlochry («Edradour» und «Blair Athol»), in Aberfeldly und in Blackford («Tullibardine»).

LEITUNG DES HAUSES: Teresa, Jerry und David Milsom.
GEÖFFNET: Ganzjährig.
KÜCHE: Eine Mischung aus Schottland und dem Kontinent.
ANZAHL ZIMMER: 11.
ZIMMERPREISE: 55 £ - 90 £. «Midweek Specials» Dinner, Bed & Breakfast für 60 £.
FÜR DEN GAST: «Royal Bar» mit Pool Table, div. Offenbiere und über 100 Whisky-Spezialitäten. Ruhige «Library Lounge» mit Spielen und Büchern.

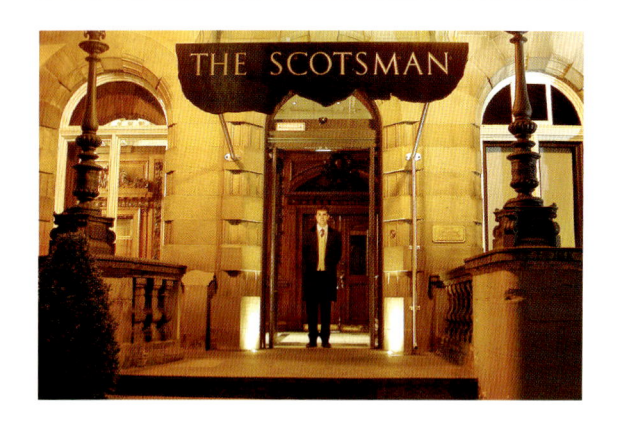

**THE SCOTSMAN
20, NORTH BRIDGE
EDINBURGH, EH1 1YT
TEL: 0131 556 5565
FAX: 0131 652 3652**
E-Mail: reservations@thescotsmanhotel.co.uk
Internet: www.thescotsmanhotel.co.uk

ANREISE (AUTO):   Im Zentrum von Edinburgh an der «North Bridge». Hoteleigener Parking.
HAUS AUS DER EPOCHE: 1901.
VOM HAUS: Begonnen hat die Geschichte des «Scotsman» eigentlich am 25. Januar 1817, als die gleichnamige Zeitung erstmals erschien. Achtzig Jahre später wurde die heutige «North Bridge», welche Edinburghs Altstadt mit der «New Town» verbindet, eröffnet. 1901 bezog die Zeitung ihren Neubau an der «North Bridge». Der Entwurf des viktorianischen Baus stammte von den Architekten David Clarke Associates. Bis 1998 wurde im markanten, 11-stöckigen Gebäude der «Scotsman» hergestellt. Heute sind die Redakteure ausgezogen, geblieben sind jedoch die Räume, wo früher Weltgeschichte «geschrieben» wurde. Jedes der Zimmer – vom «Study Room» bis zum «Editor Room» – ist individuell mit «Estate Tweed» gestaltet. So empfing mich im Zimmer das dezente, braun-rote Tweed-Muster von Lairgie, dem Eigentum der Maxwell-MacDonald Familie auf dem Mull of Kintyre. Vom Zimmer aus schweift der Blick über «North Bridge», «Waverley Station» und die geschäftige «Princes Street». Beim Eintreten empfängt Sie ein Concierge, welcher Ihnen das Gepäck abnimmt.
ÜBER SPEIS UND TRANK: Tagsüber bietet die «Brasserie» mit

SCHOTTLAND FESTLAND

ihrem informellen Ambiente und den Marmorsäulen eine Auswahl an feinen Gerichten und Drinks. Abends ab 19 Uhr ist das «Verilion» geöffnet, wo Chef Geoff Balharrie sich vor allem der internationalen Küche widmet. Ein kulinarisches Erlebnis ist das Frühstück (16.50 £), das mit seinen über 50 zur Auswahl stehenden Gerichten und Beilagen sowie den frischen Fruchtsäften kaum zu übertreffen ist.

ZUR UMGEBUNG: Edinburgh mit seinem markanten Schlosshügel ist die Hauptstadt von Schottland. Die historisch gewachsene Handels- und Verwaltungsstadt liegt unweit des Meeresarms «Firth of Forth». Das kulturelle Angebot ist groß. Es reicht vom Zoo über den botanischen Garten mit seinen viktorianischen Tropenhäusern über die Nationalgalerie bis hin zu Konzerten des schottischen Kammerorchesters. An der Seefahrt Interessierte finden am «International Festival of the Sea», das im Mai stattfindet, gefallen (www.festivalofthesea.co.uk). Dann kreuzen am «Ocean Terminal» neben der fest verankerten «Britannia» historische Dreimaster auf. Und während die Band der «Royal Marines» unter freiem Himmel spielt, flattert auf den Fregatten und Flugzeugträgern der «Royal Navy» die rot-weiße Flagge der königlichen Admiralität.

LEITUNG DES HAUSES: Andrew Stembridge.
GEÖFFNET: Ganzjährig.
KÜCHE: International.
ANZAHL ZIMMER: 68.
ZIMMERPREISE: 90 £ - 475 £ (ohne Frühstück).
FÜR DEN GAST: «Brasserie», «Health Club» mit Schwimmbad, Konferenzräume.

SCHOTTLAND FESTLAND

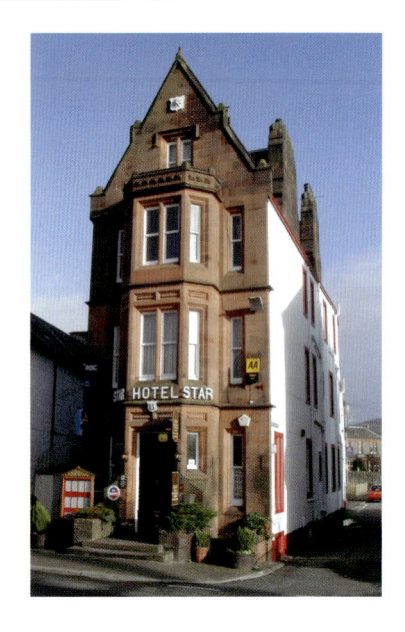

**STAR HOTEL
HIGH STREET
MOFFAT, DUMFRIESSHIRE, DG10 9EF
TEL: 01683 220 156
FAX: 01683 221 524**
E-Mail: info@famousstarhotel.com
Internet: www.famousstarhotel.com

ANREISE (AUTO): Der Ort liegt an der Autobahn A74 (M) Carlisle - Glasgow. Das Hotel finden Sie im Zentrum beim Marktplatz.
HAUS AUS DER EPOCHE: 18. Jh.
VOM HAUS: Das im Guinness Buch der Rekord eingetragene Haus gilt mit seiner Breite von 6 m weltweit als das schmalste Hotelgebäude. Betritt man das Haus, führt ein schmaler Gang in die gemütliche «Lounge Bar». Eine eigentliche Rezeption gibt es nicht; vielmehr wird der ankommende Gast in der Bar von Tim und Allison Leighfield in einem perfekten «Oxford English» persönlich begrüßt. Die beiden Gastgeber-Profis kommen ursprünglich aus England, wo ihre Eltern vor dem Umzug nach Schottland einen Pub in Oxfordshire führten. Hinter der Theke amtet Kenny, der seit 1988 die Gäste in die Geheimnisse der Malt Whiskys einführt.
ÜBER SPEIS UND TRANK: Unkompliziert aber gut kann man

SCHOTTLAND FESTLAND

hier speisen. Zur Wahl stehen die «Lounge Bar» mit ihren Plüschsofas und das Nichtraucher-Restaurant. Auf der täglich wechselnden großen Karte finden wir u.a. zur Vorspeise Klassiker wie «Haggis», «Prawn Cocktail» oder «Barbecued Spare Ribs»; zur Hauptspeise Fleisch- und Fischgrilladen. Weine dazu gibt's aus Frankreich, Spanien, Italien, Australien, Südafrika, Neuseeland und Chile. Sonntags wird der traditionelle «Sunday Roast» serviert, eine echt britische Spezialität für die ganze Familie.
ZUR UMGEBUNG: «Moffat High Street» liegt unmittelbar vor unserem Hotel. Beliebt ist Moffat – seit 1662 offiziell ein Marktort – wegen seines intakten Zentrums mit den vielen kleinen Geschäften. Im «Moffat Toffee Shop» finden wir ca. 300 verschiedene Bonbonarten. Moffat ist auch Ausgangspunkt für Rundfahrten in Richtung Galashiels-Edinburgh-Peebles. Richtung Westen geht es über den «Mennock Pass» nach Wanlockhead, Schottlands höchstgelegenem Dorf. Die meisten Rundwanderungen sind etwa 5 km lang und führen in die weit gehend unberührte «Lowland»-Berglandschaft mit ihren kleinen Bächen und Wäldern (www.moffattown.com).
LEITUNG DES HAUSES: Allison und Tim Leighfield.
GEÖFFNET: Ganzjährig.
KÜCHE: Schottische, englische und italienische Gerichte. Nichtraucher-Restaurant (Les Routiers Silver Award).
ANZAHL ZIMMER: 8 im Hotel, «Cosy Cottage» als Ferienhäuschen.
ZIMMERPREISE: 33 £ - 40 £.
FÜR DEN GAST: «Lounge Bar» mit 60 Whiskys und drei Offenbieren (Mc Evan's 60/-, 70/-und 80/-). Billardraum.

SCHOTTLAND FESTLAND

STATION RESTAURANT
STATION SQUARE
BALLATER, ABERDEENSHIRE, AB35 5QB
TEL. 013397 550 50

ANREISE (AUTO): Ballater liegt an der A93 zwischen Braemar und Aberdeen. Das Restaurant befindet sich im Dorfzentrum.
HAUS AUS DER EPOCHE: 1866.
VOM HAUS: Am 22. Februar 1966 verkehrte das letzte Mal ein regulärer Personenzug nach Ballater. Zu gering war das Verkehrsaufkommen auf der damals 100-jährigen Bahnlinie, welche mit dem «Royal Train» berühmt wurde. Wegen den königlichen Zügen war der Bahnsteig denn auch mehrere Hundert Meter lang. Der letzte dieser Sonderzüge verließ Ballater am Abend des 15. Oktober 1965 Richtung Aberdeen, wo die Yacht Britannia zur Weiterfahrt auf Königin Elizabeth wartete. 2001 eröffnete H.R.H. The Prince of Wales das frisch renovierte Gebäude, in dem auch der für Königin Viktoria und Prinz Albert erbaute Wartsaal in neuem Glanz erscheint. So finden wir heute im alten Bahnhof von Ballater einerseits ein kleines Museum, eine «Tourist Information» und unser Station Restaurant, wo zwischen 10 und 17 Uhr leckere Mittagessen und feine Süßspeisen aufgetragen werden. „Alles ist hier hausgemacht," erklärt der Gastgeber, der mit seiner Frau Fiona zusammen auch das «Darroch Learg» - ein bekanntes Hotel und Feinschmeckerlokal - in Ballater führt.
ÜBER SPEIS UND TRANK: Zur Mittagszeit gibt es Suppen, Panini (5.25 £) oder den Evergreen «Haddock & Fries» für 7.75 £. Ab ca. 14 Uhr kommen die ersten Gäste zum «Afternoon Tea», welcher klassischerweise aus Sandwichs, Kuchen und warmen

SCHOTTLAND FESTLAND

«Scones», Himbeerkonfitüre und festem Schlagrahm besteht.

ZUR UMGEBUNG: Lange bevor die schmucke Kleinstadt Ballater durch das nahe «Balmoral Castle» – die 1852 erbaute Sommerresidenz der Königsfamilie – weltbekannt wurde, war das Tal des River Dee bekannt durch seine Heilquellen. Am Oberlauf des Flusses treffen wir auf die Ortschaft Braemar – etwa 25 km von Ballater entfernt – wo Anfang September das bekannte Hochland-Fest «Braemar Gathering» stattfindet. An diesem Ort finden wir auch den höchstgelegenen Golfplatz im Vereinigten Königreich. Auf halbem Weg zwischen Braemar und Ballater – etwas versteckt im Wald – treffen wir auf Balmoral Castle sowie auf die «Royal Lochnagar Distillery», welche einen leicht rauchigen, tiefgoldenen Malt Whisky mit einer malzigen Süße hervorbringt.

LEITUNG DES HAUSES: Nigel Franks.
GEÖFFNET: Ganzjährig.
KÜCHE: Typisch britisch.
ANZAHL ZIMMER: keine.
FÜR DEN GAST: Museum über die «Royal Trains» sowie «Tourist Information» unter dem gleichen Dach.

**THE TOWN HOUSE
4, HUGHENDEN TERRACE
GLASGOW, G12 9XR
TEL: 0141 357 0862
FAX: 0141 339 9605**
E-Mail: hospitality@thetownhouseglasgow.com
Internet: www.thetownhouseglasgow.com

ANREISE (AUTO):   An der «Great Western Road» A82 Glasgow – Dumbarton – Loch Lomond. Vom «Gartnavel General Hospital» 300 m Richtung Stadtzentrum, dann in die Hyndland Road. Zweimal rechts in die Hughenden Terrace. Kostenlose Parkmöglichkeit zwischen dem Haus und «Hillhead Sports Club».
HAUS AUS DER EPOCHE: 1881.
VOM HAUS: Sehr viel über die Geschichte des Hauses, welches gut 100 Jahre ein Privathaus war, ist nicht bekannt. Im Notizbuch einer früheren Besitzerin fand ich jedoch den Hinweis, dass während des 1. Weltkriegs der deutsche Konsul in Glasgow, der spätere Admiral Kiep hier wohnte. Auch soll im Gartenhaus einmal ein Schreiner gewohnt haben, welcher an der 1930 – 36 im nahen Clydebank gebauten «Queen Mary» arbeitete. Das Innere des viktorianischen Stadthauses ist weitgehend im Originalzustand. Die hohen Stuckaturdecken sind neu gestrichen und die Wände mit neuen, goldfarbenen Tapeten geschmackvoll herausgeputzt. Im Flur treffen wir auf ein rotes Dreiersofa und ein Buffet mit Früchteschale. Ruhig schlägt die Standuhr jede volle Stunde. Während links der «Dining Room» ist, finden wir rechts im «Sitting Room» eine einladende Stube, wo u.a. Bücher vom Charles Rennie Mackintosh zum Lesen einladen. Hier gewinnt man einen Eindruck, wie die Herrschaften vor 100 Jahren lebten.

SCHOTTLAND FESTLAND

ÜBER SPEIS UND TRANK: Weil es in Glasgow eine gute Auswahl an Restaurants gibt, wird auf die Zubereitung von Abendessen verzichtet. Zwischen 17 und 21 Uhr wird jedoch gerne eine Suppe, Sandwichs und ein kleiner Dessert serviert. Ebenso stehen etwa 15 Malts sowie Drambuie, Portwein, Sherry, Kaffee und Tee für die Gäste bereit.

ZUR UMGEBUNG: Blicken wir aus den Fenstern Richtung Westen, so erkennen wir in den Bäumen das Clubhaus des «Hillhead Sports Club». Landlord Jimmy meint, dass auch Hotelgäste bei Cricket-, Tennis- und Squash-Spielen willkommen seien. Während tagsüber auf dem Rasen gespielt wird, trifft man sich abends im Clubhaus zu einem Drink. Besonders hat es uns das milde Dunkelbier McEwans 60/- angetan, welches heute sehr selten ist. In nur 10 min zu Fuß finden Sie den botanischen Garten von Glasgow, welcher mit seinen viktorianischen Gewächshäusern aus Stahl und Glas einen besonderen Charme hat. 2.10 £ kostet eine Tageskarte für Glasgows Stadtbusse. Damit können die Sehenswürdigkeiten des maritimen Glasgows wie auch die Bauwerke von Charles Rennie Mackintosh entdeckt werden (www.crmsociety.com).

LEITUNG DES HAUSES: Elaine Bald.
GEÖFFNET: Ganzjährig.
KÜCHE: Nur Frühstück, Snacks und Drinks.
ANZAHL ZIMMER: 10.
ZIMMERPREISE: 24 £ - 60 £. Zimmer für 3 - 4 Personen sowie für Familien.
FÜR DEN GAST: Großzügiger «Sitting Room», Eintritt ins Clubhaus des Sportclubs.

**ARGYLL ARMS
BUNESSAN
ISLE OF MULL, ARGYLL, PA67 6DP
TEL: 01681 700 240
FAX: 01681 700 717**
E-Mail: argyllarms@isleofmull.co.uk
Internet: www.isleofmull.co.uk

ANREISE (AUTO):   Zur Insel Mull gelangt man mit den Fähren von Caledonian MacBrayne (www.calmac.co.uk). Oban – Craignure (45 Min.), Lochaline – Fishnish (15 Min.) und Kilchoan - Tobermory (35 Min). Bunessan liegt ca. 50 km südwestlich von Craignure.

HAUS AUS DER EPOCHE: 17. Jh.

VOM HAUS: „Laut unser Geschichtsforschung soll es der Duke of Argyll gewesen sein, der die Eröffnung von Gasthäusern förderte," bemerkt Duncan MacLeod. Damit sollte das Trinken von Alkohol nicht länger in privaten Häusern stattfinden. Das Natursteinhaus betreten wir durch den Windfang und gelangen in die Wirtschaft mit dem in den 60er Jahren angebauten Restaurantteil. An den Wänden hängen gerahmte Schwarz-Weiß-Fotografien. Sie geben Einblick in das Inselleben vor 70 Jahren. Die freundlich-hellen Zimmer sind modern und gemütlich und geben freie Aussicht auf das Meer.

SCHOTTLAND INSELN

ÜBER SPEIS UND TRANK: Unkompliziert und trotzdem gut kann man im Argyll Arms speisen. Chef Ian Robertson überzeugt mit einer täglich wechselnden Gerichtsauswahl. Auf der Speisekarte finden wir u.a. «Cream Cheese and Broccoli Bake» für 5.95 £, «Chicken Curry» für 6.95 £, «Peppered Scottish Sirloin Steak für 11.95 £ und «Specials» wie Backfisch an einer mediterranen Sauce.

ZUR UMGEBUNG: Mull ist das Zentrum einer kleinen Inselgruppe, welche aus 13 Inseln von unterschiedlicher Größe besteht. Seit dem Einzug der Wikinger vor rund 2800 Jahren ist Mull bewohnt. Heute liegt der Reiz der rund 50 mal 40 km großen Insel in seiner einmaligen Geologie, dem überall präsenten Meer, der Tierwelt und der reichhaltigen Flora. „Auf unseren Fahrten in die unberührte Natur treffen wir oft auch auf Steinadler, Mäusebussarde und auf Seehunde," erklären Arthur und Pam Brown, welche für Interessierte thematische Expeditionstouren durchführen. (www.discovermull.co.uk). Auf der Nachbarinsel Iona finden wir ein kleines Kloster, welches im Jahre 563 von Sankt Columba gegründet wurde.

LEITUNG DES HAUSES: Gillian und Duncan MacLeod.
GEÖFFNET: Ganzjährig.
KÜCHE: Täglich wechselnde, frisch zubereitete Pub-Gerichte.
ANZAHL ZIMMER: 6.
ZIMMERPREISE: 30 £ / Nebensaison: Dinner, Bed & Breakfast für 45 £.
FÜR DEN GAST: «Sun Lounge» mit Blick auf Landungssteg und Meer. 24 Malt Whiskies, darunter Iona, Ledaig, Tobermory, Springbank und Bruichladdich. «Pool Table» / Fitnessraum / öffentliche Internet-Station.

DRUIMNACROISH HOTEL
DERVAIG
ISLE OF MULL, ARGYLL, PA75 6QW
TEL / FAX: 01688 400 274

E-Mail: stay@druimnacroish.co.uk
Internet: www.druimnacroish.co.uk

ANREISE (AUTO): Zur Insel Mull gelangt man mit den Fähren von Caledonian MacBrayne (www.calmac.co.uk). Oban – Craignure (45 Min.), Lochaline – Fishnish (15 Min.) und Kilchoan – Tobermory (35 Min). Über Salen fährt man Richtung Dervaig. Das allein stehende Haus befindet sich 3 km vor Dervaig.

HAUS AUS DER EPOCHE: 1860.

VOM HAUS: Druimnacroish Hotel war bis 1975 ein zerfallenes Bauernhaus. Heute gilt das einsam gelegene Hotel, zu den Geheimtipps auf der Insel Mull. Im Winter wird das Haus für die ab Ostern beginnende Saison herausgeputzt. „Die kalte Jahreszeit gibt uns auch die Zeit, die Räume neu zu dekorieren," bemerkt Gastgeberin Margriet So betraten wir das Haus durch das Treppenhaus, welches seit Frühling 2003 in Orange erstrahlt und sanft in den in Gelb gehaltenen Flur mit der liebevoll gezeichneten Blumenwiese übergeht. Jedes der individuell frühlingshaft-nordisch eingerichteten Zimmer ist mit Dusche, Bad und WC ausgestattet.

ÜBER SPEIS UND TRANK: „Bei unseren Kreationen verschmilzt die kontinentale Küche mit dem, was hier auf der Insel erhältlich ist," erzählen Margriet und Neil. Im klassischen 4-Gang-Menü, das für 19.50 £ serviert wird, stehen für jeden Gang zwei bis drei Speisen zur Auswahl. Was also mit einer «Carrot & Orange Soup» beginnt, kann dann in Lamm-Kasserole mit Apri-

SCHOTTLAND INSELN

kosen übergehen. Ein Stück holländischer Apfelkuchen oder ein Drambuie & Orangen Parfait, gefolgt von schottischen Käsen machen das feine Essen zu einer bleibenden Erinnerung!

ZUR UMGEBUNG: «Glen Bellart», wie das Tal südlich von Dervaig genannt wird, ist teilweise bewaldet und weit gehend unbewohnt. Nur zu Fuß ist der See «Loch Frisa» zu erreichen, welches sich vom Hotel ca. 3 km in östlicher Richtung befindet. Fährt man mit dem Auto über Dervaig ans Loch Tualth, so kommt man an der paradiesischen Bucht von «Calgary Bay» mit seinem Sandstrand vorbei. Weiter südlich trifft man in Oskamull auf die «Ulva Ferry». Das kleine Boot bringt uns zum Naturschutzreservat auf der Insel Ulva, wo es auch ein Tea Room gibt. Ein Ereignis der besonderen Art ist die Auto-Fahrt von Salen über «Loch na Keal» (Picknickplätze direkt am Meer) nach Tiroran im Süden der Insel Mull. Von dort aus gelangt man zu Fuß in rund drei Stunden zum «Fossil Tree», welcher 1819 von John MacCulloch entdeckt wurde. Der Baumstrunk stammt von einem Baum, welcher vor 50 bis 60 Millionen Jahren von heißer Lava eingeschlossen wurde. Auf dem schmalen Küstenweg entlang den Klippen treffen Sie mit etwas Glück auf Mäusebussarde, Steinadler und wilde Ziegen.

LEITUNG DES HAUSES: Margriet van de Pol und Neil Hutton.

GEÖFFNET: Von Ostern bis Oktober.

KÜCHE: Eine feine Mischung aus Schottland und Holland.

ANZAHL ZIMMER: 6.

ZIMMERPREISE: 37 £ - 69 £ / Ermäßigung ab drei Nächten / Kinder bis 6 Jahre gratis.

FÜR DEN GAST: «Residence Lounge» mit Holzofen. Gute Auswahl an Insel-Whisky und Bierspezialitäten.

**GLENGORM CASTLE
TOBERMORY
ISLE OF MULL, ARGYLL, PA75 6QE
TEL: 01688 302 321
FAX: 01688 302 738**
E-Mail: enquiries@glengormcastle.co.uk
Internet: www.glengormcastle.co.uk

ANREISE (AUTO):   Zur Insel Mull gelangt man mit den Fähren von Caledonian MacBrayne (www.calmac.co.uk). Oban – Craignure (45 Min.), Lochaline – Fishnish (15 Min.) und Kilchoan – Tobermory (35 Min). Glengorm Castle liegt 6 km nördlich von Tobermory.

HAUS AUS DER EPOCHE: 1860.

VOM HAUS: Glengorm Castle steht an einem der spektakulärsten Stellen der britischen Inseln und ist heute Teil einer Schaf- und Hochlandrind-Farm. Gebaut wurde das viktorianische Schloss von John Forsyth in der Nähe des ehemaligen Dorfs von Balicraich. Auf dem weitflächigen Gelände finden wir auch die zum Estate gehörenden «Cottages» (Ferienhäuschen) und den «Coffee & Farm Shop». „Nach Neufundland in Kanada wären es rund 2000 Seemeilen," bemerkt Gastgeber Tom schmunzelnd. Betreten wir das Haus, so kommen wir ins Foyer mit seinem großen Kamin, Ebenenfalls im Erdgeschoss ist die «Library Lounge», wo für den Gast Sherry, Old Mull Blended Whisky und Tobermory Malt in Kristallkaraffen bereitstehen. „Unsere Philosophie ist kein Hotelbetrieb, der Gast soll sich nach eigenen Gutdünken bedienen," ergänzt Tom während wir die Eichentreppe zu den Zimmern hochsteigen.

SCHOTTLAND INSELN

ÜBER SPEIS UND TRANK: Das Wasser im Munde läuft dem Gast schon am Abend vor dem «Glengorm Castle Breakfast Menu» zusammen. Wir wählten gebratene «Loch Fyne Kippers», dazu gab es Bio-Yoghurt, frisch gebackene Pariser Gipfel und diverse Frühstückgetreide, Kompott und Porridge zur Auswahl.
ZUR UMGEBUNG: «Glengorm Estate» ist mit seinen 2000 ha eine Welt für sich. Neben dem im Sommer mit blühendem Rhododendron umgebenen Schloss finden wir riesige Weiden, wo wir den liebenswürdigen Hochland-Kühen und den robusten «Blackface» Schafen begegnen. Aber auch die Geologie und die Geschichte des Landes am Nordende der Insel sind faszinierend. So treffen wir zwischen Schloss und Küste auf einen Steinkreis und weiter unten am Meer auf einen sogenannten Badepool, welcher laut Überlieferung vor 1500 Jahren von den Kelten angelegt wurde. Mit etwas Glück kann man mit dem Fernglas an der Küste vorbeiziehende Delphine and Wale beobachten. Das Gebiet von Glengorm eignet sich auch gut für Fahrradtouren mit der ganzen Familie.
LEITUNG DES HAUSES: Margorie und Tom Nelson.
GEÖFFNET: Ganzjährig, außer Weihnacht / Neujahr.
KÜCHE: Nur Frühstück. Dafür vom Feinsten! Spezielle Regelung für Hochzeiten.
ANZAHL ZIMMER: 5 im Haus / 2 Schlosswohnungen und 6 Ferienhäuschen.
ZIMMERPREISE: 50 £ - 65 £.
FÜR DEN GAST: «Library Lounge» mit Kaminfeuer. Ruderboot auf «Loch Torr».

ISLE OF ERISKA
LEDAIG, ARGYLL, PA37 1SD
TEL: 01631 720 371
FAX: 01631 720 531
E-Mail: office@eriska-hotel.co.uk
Internet: www.eriska-hotel.co.uk

ANREISE (AUTO): Von Oban auf der A85 nach Connel Ferry, dann weiter auf der A828. In Benderloch links abzweigen und den Wegweisern folgen.

HAUS AUS DER EPOCHE: 1884.

VOM HAUS: Das viktorianische Schloss wurde ursprünglich für die Stewards von Appin gebaut. Architekt war Hippolyte Blanc, welcher u.a. auch den «Argyll Tower» am Schloss von Edinburgh schuf. „Das Haus steht inmitten der Insel Eriska, welche rund 1 km breit und 1.5 km lang ist," erläuterte Beppo Smith bei meiner Ankunft. „In rund zwei Stunden kommt man zu Fuß um die 120 ha grosse Insel." Dieser Rundgang ist nicht nur wegen der langen Sandstrände und der einmalig schönen Bergwelt am Loch Linnhe ein Erlebnis; auch die Bekanntschaft mit der vielseitigen Flora und Fauna macht ihn zu einem unvergesslichen Erlebnis. Am «Boxing Day», dem 26. Dezember wie am Neujahrstag verwandelt sich die Gaststube in ein Ballraum, wo bis spät in die Nacht zu Rosie Stevenson's «Scottish Country Dance» mit Akkordeon, Violine und Piano getanzt wird.

ÜBER SPEIS UND TRANK: Nachmittags sind die Gäste des Hauses zum «Afternoon Tea» eingeladen. Für Kinder unter 10 Jahren gibt es einen «High Tea», der um 18 Uhr serviert wird. Später können die Eltern in Ruhe und bei Kerzenlicht das Abendessen genießen. Für 38.50 £ wird ein 7-Gang-Menü aufgetragen.

SCHOTTLAND INSELN

ZUR UMGEBUNG: Einmalig ist es, am Morgen um die Insel zu wandern. Bei Regenwetter bedienen wir uns der am Hauseingang bereitgestellten Gummistiefel. Die Größe der Insel Eriska erfassen wir am besten auf dem rund 50 m hohen Hausberg «Cairn» welcher sich wenige Meter nordöstlich vom Haus entfernt befindet. Von dort aus sehen wir auch die sechslöchige «Howard Swan» Golfanlage mit der Insel Lismore im Hintergrund. Fahren wir zurück aufs Festland Richtung Oban, so queren wir den Meeresarm mit dem Namen «Loch Etive» über die ehemalige Eisenbahnbrücke von Connel. Hier können wir uns zwischen einer kurzen Weiterfahrt ins geschäftige Oban (u.a. mit Fährhafen und Whisky Destillerie) oder ostwärts ins 10 km entfernte Taynuilt entscheiden. Dort gibt es ein historisches Stahlwerk zu besichtigen, welches zwischen 1753 und 1876 in Betrieb war. Einmalig schön ist die Fahrt mit dem Boot ans Ende von «Loch Etive», vorbei an den mächtigen, rund 1000 m hohen Bergen des Glencoe-Massifs.

LEITUNG DES HAUSES: Familie Buchanan-Smith.

GEÖFFNET: Ganzjährig.

KÜCHE: Französisch. Ein Höhepunkt für Mund und Auge. Grosse Weinkarte.

ANZAHL ZIMMER: 19.

ZIMMERPREISE: 120 £ - 290 £ / Im Winter: Dinner, Bed & Breakfast 130 £.

FÜR DEN GAST: In den «Stables»: 17m-Schwimmbad, Sauna, Dampfraum, klassische und aromatherapeutische Massagen. Spezielles Winterprogramm.

SCHOTTLAND INSELN

**THE JURA HOTEL
CRAIGHOUSE, ISLE OF JURA,
ARGYLL, PA60 7XU
TEL: 01496 820 243
FAX: 01496 820 249**
E-Mail: jurahotel@aol.com

ANREISE (AUTO):   Mit der Fähre von Caledonian MacBrayne (www.calmac.co.uk) nach Port Askaig auf Islay. Eine kleine Fähre verbindet die beiden Nachbarinseln. Zur Sicherheit vorbestellen unter Telefon 01496 840 881.

HAUS AUS DER EPOCHE: 1742.

VOM HAUS: Bereits im 18. Jh. wurde Jura Hotel als Gasthaus erstmals erwähnt. Viel mehr ist über die Geschichte des einzigen Hotels auf der Insel nicht bekannt. Heute ist die Erscheinung des Hauses weitgehend vom Stile der 1950er Jahre geprägt, als es das letzte Mal renoviert und erweitert wurde: Metallschilder an den Türen und Etagenbäder für die meisten Zimmer. Die Fenster geben den Blick frei auf das weite Meer, welches hier «Sound of Jura» genannt wird.

ÜBER SPEIS UND TRANK: Unkompliziert speist man im einzigen Hotel auf der Insel: Zur Wahl steht die «Lounge Bar» mit ihren roten Kunstledersofas sowie ein Speiseraum. Während in der Bar vor allem Snacks wie z.B. Jacket Potatoes (zwischen 2.50 £ und 4.95 £ je nach Füllung) gereicht werden, kann man im Restaurant die von Chef Irene MacDonald zubereiteten A-la-carte-Menüs geniessen.

ZUR UMGEBUNG: Ummittelbar hinter dem Hotel liegt die «Jura Destillery», welche seit 1810 einen leichten, kiefernartigen Malt Whisky mit Bernsteinfarbe und Salzcharakter herstellt. Eine

SCHOTTLAND INSELN

rund 45 km lange Strasse verbindet Feolin Ferry mit Craighouse, Tarbert und Inverlussa im Nordosten. Der Teil bis Lussa wurde bereits im Jahre 1812 vom berümten Ingenieur Thomas Telford angelegt. Nach Inverlussa geht die asphaltierte Einspur-Strasse in einen Fahrweg über, welcher nur mit Geländefahrzeugen und Sondergenehmigung zu befahren ist. Nach zwei Stunden Fussmarsch erreichen wir «Barnhill», wo George Orwell in der absoluten Einsamkeit die Novelle 1984 schrieb. „Meine Eltern kannten Orwell sehr gut, er wohnte vier Jahre lang in diesem Haus," bemerkt Kate Johnson, welche in Inverlussa wohnt und das heutige Ferien-Haus verwaltet. (Reservationen unter Telefon 01786 850 274). Die rund 54 mal 11 km grosse Insel Jura wird bei Tarbert nahezu zweigeteilt. Ein besonderes Erlebnis ist die knapp zweistündige Fahrt mit dem Boot entlang dem felsigen Loch Tarbert und übers offene Meer zur Nachbarinsel Colonsay. Diese Verbindung gibt es von April bis Oktober.

LEITUNG DES HAUSES: Fiona und Steve Walton.
GEÖFFNET: Ganzjährig, ausser zwischen 24. Dezember und 4. Januar.
KÜCHE: Pub-Küche. Vom einfachen Sandwich bis hin zum Sirloin Steak.
ANZAHL ZIMMER: 17 / 1 Familienzimmer mit Kajüttenbett.
ZIMMERPREISE: 35 £ - 67 £ / Kinder bis 12 Jahren kostenlos.
FÜR DEN GAST: «Public Bar» und «Lounge Bar». Ein Jura Malt kostet in der Public Bar 1.77 £, zwei Pence weniger als in der Lounge Bar. Im Sommer Gartenwirtschaft direkt am Meer.

SCHOTTLAND INSELN

**KINLOCH CASTLE
ISLE OF RUM, INVERNESS-SHIRE, PH43 4RR
TEL. / FAX: 01687 462 037**

ANREISE (AUTO): Die Fähre von Caledonian MacBrayne (www.calmac.co.uk) fährt täglich (außer Sonntag) über Eigg oder Muck in zwei Stunden nach Rum. Achtung: Das Auto muss in Mallaig abgestellt werden, die Insel darf nur zu Fuß betreten werden!

HAUS AUS DER EPOCHE: 1901.

VOM HAUS: Das aus rotem Arran-Sandstein gebaute Schloss liegt in der Bucht von «Loch Scresort» im Kinloch Glen, wurde 1901 vom englischen Industriellen George Bullough als «Extravaganza» gebaut. Gleich zu Beginn wurde elektrisches Licht installiert. Ein Stausee und ein Wasserkraftwerk lieferte die notwendige Energie. 1957 vermachte die Familie Bullough die ganze Insel dem schottischen Staat und Scottish Natural Heritage (www.snh.org.uk) verwaltet die Insel als Naturschutzgebiet und betreibt das Schloss als kleine Herberge für den Liebhaber des Speziellen. Wenn man die Türe zum Kinloch Castle öffnet, so sausen die Jahre zurück wie in einer Zeitmaschine. Heute ist das Schloss noch weitgehend so erhalten, wie es die Familie Bullough verlassen hat. Dazu gehört auch eine Bibliothek mit Photographien von George's zweijähriger Weltreise. Im weitläufigen Haus, welches heute als Museum betrieben wird, finden wir vielen edwardianische Möbel sowie Gegenstände, die George Bullough aus Übersee auf die Insel gebracht hat.

ÜBER SPEIS UND TRANK: Im Schloss besteht das Essen oft aus lokal gefangenem Fisch und aus Wildgerichten von den

SCHOTTLAND INSELN

Hirschen. Das Abendessen kostet 10 £, ein schottisches Frühstück 5 £. Da es auf der Insel nur einen kleinen Laden gibt, sollte der Besucher seinen Proviant entweder vom Festland mitnehmen oder ein «Packed Lunch» zu 4 £ im Schloss beziehen.

ZUR UMGEBUNG: Eine Karte vor 1828 – dem Jahr der tragischen «Clearance» als 208 Menschen nach Nova Scotia in Kanada verschifft wurden – zeigt, dass auf Rum drei Ortschaften bestanden. Heute ist nur noch Kinloch bewohnt, wo es für die rund 12 Kinder auch eine Primarschule gibt. Ein besonderes Erlebnis für den Besucher sind die Wanderungen über sanfte Weiden zu den schroffen Felsen. Steigt man dem «Coire Dubh» entlang so erreicht man den ehemaligen Vulkan «Askival», mit seinen 812 M.ü.M. der höchste Berg auf Rum. Über «Kinloch Glen» und «Bloodstone Hill» erreicht man in rund drei Stunden «Guridil Bay», wo eine einfache Hütte Schutz vor der Witterung bietet. Unvergesslich bleibt mir jener Sommertag, als ein Regenbogen über das Meer zog und die Inseln Sanday und Canna in einer Regenfront für kurze Zeit verschwanden!

LEITUNG DES HAUSES: Adrian Kay.
GEÖFFNET: April bis Oktober.
KÜCHE: Lokale Fleisch- und Fischgerichte. Beachtliche Weinkarte.
ANZAHL ZIMMER: 4.
ZIMMERPREISE: 30 £.
FÜR DEN GAST: «Castle Museum» im Haus mit original erhaltenem «Dining Room», «Snooker Room» und George Bullough's Bibliothek.

SCHOTTLAND INSELN

**THE PORT CHARLOTTE HOTEL
MAIN STREET
PORT CHARLOTTE, ISLE OF ISLAY, ARGYLL,
PA48 7TU
TEL: 01496 850 360
FAX: 01496 850 361**
E-Mail: carl@portcharlottehotel.co.uk

ANREISE (AUTO):   Die Fähre von Caledonian MacBrayne (www.calmac.co.uk) fährt in zwei Stunden von Kennacraig (Mull of Kintyre) nach Port Askaig (im Osten der Insel) oder Port Ellen (im Süden). Bis nach Port Charlotte sind es von beiden Landungsstellen noch 40 Min.

HAUS AUS DER EPOCHE: 1828.

VOM HAUS: So wie alle Häuser in Port Charlotte ist auch das Hotel aus weissgetünchtem Backstein gebaut. Bevor Walter Frederick Campbell, der Laird of Islay, im Jahre 1828 Port Charlotte als «Planned Village» baute und das Dorf nach seiner Mutter Charlotte Campbell benannte, gab es eine kleine Hafensiedlung, welche «Port Sgiba» (gälisch für Schiffshafen) hieß. Wenn man die Tür zur Bar des Port Charlotte Hotel betritt, so bleibt unser Blick zuerst am knisternden Kaminfeuer, dann am Ausblick auf Loch Indaal und später bei der großen Whisky-Sammlung hängen. Mit etwas Glück treffen Sie in der Bar auf Taucher, welche von den unzähligen um Islay liegenden Schiffswracks erzählen. Über eine Treppe erreichen wir die zehn Gästezimmer. Der polierte Holzboden ist mit Perserteppichen ausgelegt, die Betten weiss bezogen. Die einfachen Zimmer geben den Blick frei auf das friedlich daliegende Dorf und das türkisfarbige Wasser des Atlantiks.

SCHOTTLAND INSELN

ÜBER SPEIS UND TRANK: Die Küche unter der Leitung von Billy Brodick ist eine harmonische Mischung aus schottischen Spezialitäten. „Die Insel liefert uns das beste Rind- und Lammfleisch ebenso wie Fische und Krustentiere." Z.B. gibt es als Vorspeise «Smoked Islay Vension soaked in Bruichladdich Whisky» zu 5.95 £, zum Hauptgang Lamm-Spiess mit Lauch und Thymian-Sauce (14.45 £).

ZUR UMGEBUNG: Islay hat eine reiche Geschichte und eine grosse Whisky-Tradition. Im Mittelalter wurde die Insel von den «Lords of the Isles» regiert, welche ihr Zentrum auf zwei kleinen Inseln im «Loch Finlaggan» bei Port Askaig hatten. Heute gibt es auf Islay noch sieben Whisky-Destillerien. Rund 4 km von Port Charlotte entfernt ist «Bruichladdich», die einzige unabhängige Destillerie auf der Insel. „Hier werden Malts mit 10, 15, 17 und 20 Jahren ebenso wie ein «Vintage 1970» und ein «1966 Legacy» in Flaschen abgefüllt, bemerkt Produktionschef David Barr. „Mit der neuen Flaschen-Abfüllanlage bringen wir eine alte Tradition und Arbeit zurück auf die Insel."

LEITUNG DES HAUSES: Isabelle und Grahame Allison.
GEÖFFNET: Ganzjährig. Geschlossen 25. Dezember.
KÜCHE: Das Beste aus Schottland und Islay. Beachtliche Weinkarte.
ANZAHL ZIMMER: 10.
ZIMMERPREISE: 50 £ - 59 £ / Kinderbett kostenlos.
FÜR DEN GAST: «Bar» mit rund 80 bis 100 Islay Malts. Bistro-style Restaurant und gemütliche «Residence Lounge» mit Blick aufs Meer.

SCHOTTLAND INSELN

VIEWFIELD HOUSE
PORTREE, ISLE OF SKYE, IV51 9EU
TEL: 01478 612 217
FAX: 01478 613 517
E-Mail: info@viewfieldhouse.com
Internet: www.viewfieldhouse.com

ANREISE (AUTO): Die Insel ist über eine Brücke (Maut) aus Inverness oder Fort William erreichbar. Genießer wählen jedoch die kleine Fähre Glenelg-Kylerhea, welche von Ostern bis Oktober ein einmaliges Reiseerlebnis bietet. In Portree am Dorfeingang gegenüber der BP-Tankstelle links.

HAUS AUS DER EPOCHE: 1790 mit Ergänzungen aus dem Jahre 1887.

VOM HAUS: Seit über 200 Jahren ist Viewfield House das Zuhause der Familie Macdonald. Entsprechend authentisch ist das über der Bucht von Portree gelegene Schloss erhalten. Gerne erzählt Gastgeber Hugh aus seiner Familien-Geschichte. So soll Grossvater Harry, welcher in Darjeeling Indigo- und Tee-Plantagen hatte, einmal gesagt haben: „Am Anfang des 20.Jh. war es einfacher zu Reisen wie heute. Man nahm am Nachmittag das Dampfschiff in Portree nach Kyle, von wo aus der Schlafwagen über Nacht direkt in die Londoner City fuhr." 1955 kamen Hughs Grosseltern aus Indien zurück und eröffneten im Familiensitz auf Skye ein Gästehaus. Im Ergeschoss finden wir den «Drawing room», wo das das Kaminfeuer zum Verweilen und Piano mit der Inschrift «Rud. Ibach, Hof-Lieferant seiner Majestät des Kaisers und Königs, Barmen, Germany» zum Musizieren einlädt. Die verschwenderisch grossen Zimmer sind geschmackvoll eingerichtet und verfügen über Bad und WC.

SCHOTTLAND INSELN

ÜBER SPEIS UND TRANK: Der neu ankommende Gast wird am ersten Tag mit einem inklusiven 4-Gang-Menü verwöhnt, ab dem zweiten Tag hat er die Wahl zwischen «Bed & Breakfast» oder «Dinner, Bed & Breakfast».

ZUR UMGEBUNG: Portree mit seinem malerischen Hafen ist die Hauptstadt von Schottlands grösster Insel, wo heute gut 9000 Menschen leben. Der nördliche Teil – Trotternish genannt – ist für seine geologischen Formationen berühmt. Atemberaubend ist die Fahrt über Uig (Fährhafen, Bierbrauerei am Steg!), Linicro der Steilküste entlang nach Floddigarry. Dort wohnte Flora Macdonald, welche im Juni 1746 mit dem als Magd verkleideten «Bonnie Prince Charles» von Uist her kommend nach Portree kam, wo ein französisches Schiff auf den Flüchtenden wartete. Ein bekanntes Volkslied, der Skye Boat Song, entstand: „Carry the lad that was born to be king over the sea to skye." Fahren wir von Portree Richtung Südwesten, so treffen wir in Carbost am friedlich daliegenden «Loch Harport» auf die weissgetünchten Gebäude der 1830 eröffneten «Talisker Distillery». Die einzige Destillerie auf Skye kann ganzjährig besucht werden.

LEITUNG DES HAUSES: Linda und Hugh Macdonald.

GEÖFFNET: Mitte April bis Mitte Oktober. «Cottage» ganzjährig verfügbar.

KÜCHE: Feine Saisongerichte aus Schottland. Das Menü wechselt täglich.

ANZAHL ZIMMER: 12 / «Cottage» für max. 7 Personen.

ZIMMERPREISE: 40 £ - 45 £ / Dinner, Bed & Breakfast 65 £ - 75 £.

FÜR DEN GAST: 8 ha grosser Park mit Sicht auf «Loch Portree». «Drawing Room» mit Piano, «Morning Room» mit TV für alle.

SCHOTTLAND INSELN

**WESTERN ISLES HOTEL
TOBERMORY
ISLE OF MULL, ARGYLL, PA75 6PR
TEL: 01688 302 012
FAX: 01688 302 297**
E-Mail: wihotel@aol.com
Internet: www.mullhotel.com

ANREISE (AUTO): Zur Insel Mull gelangt man mit den Fähren von Caledonian MacBrayne (www.calmac.co.uk). Oban – Craignure (45 Min.), Lochaline – Fishnish (15 Min.) und Kilchoan – Tobermory (35 min).

HAUS AUS DER EPOCHE: 1883.

VOM HAUS: Das Hotel steht majestätisch über dem Zentrum von Tobermory. Der viktorianische Bau wurde vom Fährschiffbetreiber Arthur MacBrayne (1814 – 1907) erstellt. Mit der Eröffnung der Eisenbahnlinie nach Oban legte das Postschiff täglich in Tobermory an. Die Insel Mull wurde zu einem beliebten Ausflugsziel für wohlhabende Städter. Während des zweiten Weltkriegs diente das Western Isles Hotel der Admiralität als Kommandoposten der Nordatlantik-Flotte. Beim Betreten des Hauses verlassen wir die Betriebsamkeit des heutigen Fischerhafens. Über die alte Drehtüre aus Holz gelangen ins Foyer, wo zur kalten Jahreszeit das Kaminfeuer brennt. „I know where I am going" steht auf dem gerahmten Kinoplakat, welches uns bei der Ankunft in den Bann zieht. „Viele der Filmszenen des 1945 gedrehten Kinofilms wurden im Hotel wie auch in Tobermory gedreht," weiss Gastgeberin Vivien Tomson zu berichten. Die Zimmer sind mit allem Komfort ausgerüstet; viele haben Sicht auf «Tobermory Bay».

SCHOTTLAND INSELN

ÜBER SPEIS UND TRANK: Während man im «Conservatory» mit Snacks und leichten Gerichten bedient wird, werden im «Dining Room» klassische 4-Gang-Menüs (26.95 £) mit weissen Tischtüchern, Silberbesteck und Leuchtern umrahmt aufgetragen. Gut 50 Weine gibt es zur Auswahl!

ZUR UMGEBUNG: Blicken wir aus dem Fenster hinunter zur «Tobermory Bay» so entdecken wir viele kleine Fischerboote, welche in der Bucht vor Anker liegen. Am Ende des Quais, an welchem sich die schmucken Häuser von Tobermory reihen, befindet sich die «Tobermory Distillery», welche seit 1993 wieder in Betrieb ist. „Bereits im Jahre 1798 wurde hier Whisky destilliert," bemerkt Produktionschef Alan McConnachie, der gleich neben der Destillerie wohnt. „Zu unseren Produkten gehören nebst Tobermory und Iona auch die legendären, 15 oder 20 Jahre alten Ledaig." Als weitere Attraktionen von Tobermory ist das im Juni und August statt findende Mendelsohn Festival ebenso wie die «Highland Games» zu erwähnen. Von Art Déco-Landungssteg fährt Caledonian MacBrayne nach Kilchoan auf dem Festland, wo sich der westlichste Punkt Grossbritanniens befindet.

LEITUNG DES HAUSES: Vivien und Paul Tomson.
GEÖFFNET: Ganzjährig.
KÜCHE: Klassisch französisch-britisch. Grosse Weinkarte.
ANZAHL ZIMMER: 28.
ZIMMERPREISE: 21.50 £ - 200 £ je nach Zimmertyp und Saison.
FÜR DEN GAST: «Residence Lounge» mit Kaminfeuer, «Private Dining Room» für Gruppen. Der «Tobermory Golf Club» mit Blick auf den «Sound of Mull» befindet sich unweit des Hotels.

NORDENGLAND FESTLAND

AUGILL CASTLE
NEAR KIRKBY STEPHEN, CUMBRIA, CA17 4DE
TEL: 01 768 341 937
E-Mail: enquiries@augillcastle.co.uk
Internet: www.augillcastle.co.uk oder www.stayinacastle.com

ANREISE (AUTO): Von Penrith auf der A66 ostwärts bis Brough, wo Sie auf die A685 abbiegen. Nach 3 km zeigt ein Schild nach links.

HAUS AUS DER EPOCHE: 1841.

VOM HAUS: John Bagot Pearson errichtete sein Schloss im neugotischen Stil aus Bruchsteinen und Bauschutt. Darauf folgte eine schillernde Zeit mit teilweise dubiosen Hausbesitzern. So bewohnte nicht zuletzt Dr. Abercrombie, Chirurg der Queen Victoria und einer der «Jack-the-Ripper» Hauptverdächtigen, Ende des 19. Jh. das Schloss. 1997 waren Simon und Wendy, das Leben in London müde und sie kauften sich das heruntergekommene Anwesen auf dem Land. Das Kastell wurde nach den ursprünglichen Plänen renoviert und die Räume im viktorianischen Stil eingerichtet. Die Liebe zum Detail äußert sich z.B. in einem Himmelbett mit bereitgelegter Bettflasche, auf der Kommode ein Herrenreiseset mit Kleiderbürste und Rasierutensilien, alte Koffer auf dem Kleiderschrank und ein wunderbares Badezimmer mit einer Wanne mit Füssen. Der Boden erhielt mit Muscheln und Töpfen einen Hauch vom Mittelmeer. Augill Castle ist kein gewöhnliches Hotel. Vielmehr ist es ein familiäres Haus ohne Aschenbecher(!), in dem mehr Wert auf frischen Kaffee auf den Zimmern, dicke Kissen und große Badetücher als auf direkte Telefonlinien, Modemanschlüsse und Hosenpressen gelegt wird.

NORDENGLAND FESTLAND

ÜBER SPEIS UND TRANK: Wendy kocht auf Anmeldung jeweils Freitag- und Samstagabends für ihre Gäste. Die Rezepte zu den Gerichten stammen aus allen Ecken der Welt. Ein 4-Gang-Menü kostet zwischen 25 £ und 30 £. Bei der Wahl ihrer Zutaten zieht Wendy, ihrem umweltfreundlichen Konzept folgend, lokale Erzeugnisse vor und achtet auf saisonale Früchte und Gemüse. Das reichhaltige Frühstück gibt's auf Wunsch auch erst um 10 Uhr.

ZUR UMGEBUNG: Die geografische Lage des Schlosses ist einmalig. Es befindet sich in der oberen Region des Eden Tals am Fuß der «Pennines» umgeben von drei bedeutenden Nationalparks. Im Süden die Hügellandschaft der «Yorkshire Dales», im Westen der einzigartige «Lake District» und im Norden das römische Monsterbauwerk «Hadrian's Wall» und der «Northumberland National Park». Fahrräder können im nahen Kirby Stephen gemietet werden, wo auch die spektakuläre Leeds-Settle-Carlisle Eisenbahn Halt macht. Unweit des Ortes führen der «Pennine Way» und der «Coast-to-Coast Way» vorbei. Pferdetrekkings werden in der einzigartigen Gegend des «Eden Valley» ebenfalls angeboten.

LEITUNG DES HAUSES: Simon und Wendy Bennett.
GEÖFFNET: Ganzjährig, außer an Weihnachten.
KÜCHE: International, nur Freitag- und Samstagabends.
ANZAHL ZIMMER: 8, Cottage mit 6 Betten.
ZIMMERPREISE: 50 £ - 60 £.
FÜR DEN GAST: Honesty Bar.

NORDENGLAND FESTLAND

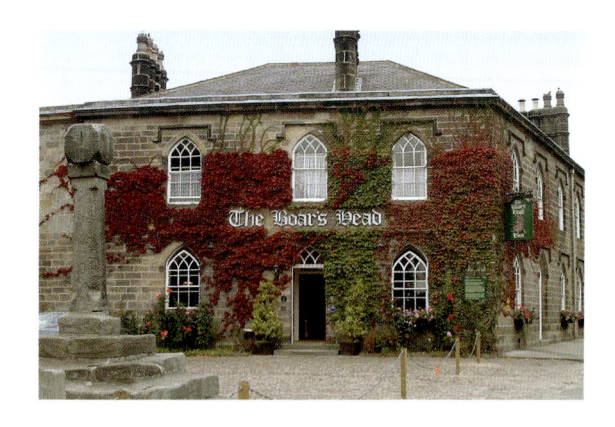

**THE BOAR'S HEAD HOTEL
RIPLEY CASTLE ESTATE
HARROGATE, NORTH YORKSHIRE, HG3 3AY
TEL: 01423 771 888
FAX: 01423 771 509**
E-Mail: reservations@boarsheadripley.co.uk
Internet: www.boarsheadripley.co.uk

ANREISE (AUTO): Von Harrogate drei Meilen auf der A61 nordwärts bis nach Ripley.
HAUS AUS DER EPOCHE: 1835.
VOM HAUS: Im Jahr 1355 war es, als König Edward der III. in Begleitung von Thomas Ingilby (1310-1369) in den Wäldern von Ripley Wildschweine jagte. Als sich ein stattlicher Keiler blicken ließ, zögerte der König nicht lange und warf den Speer nach ihm. Doch das über 200 kg schwere wilde Tier wurde nur verwundet und attackierte nun den Schützen mit solcher Wucht, dass dieser vom Pferd fiel. Der Monarch lag unbewaffnet am Boden, den tödlichen Stosszähnen des Ebers ausgeliefert. Ingilby erkannte den Ernst der Lage und machte der wütigen Bestie den Garaus. Als Dank schlug King Edward darauf seinen Lebensretter zum Ritter. Zum Gedenken an seinen tapferen Urahnen gab der heutige Sir Thomas Ingilby dem Hotel den Namen «Boar's Head». Beim Eintreten in das Haus fühlen Sie sich sofort gut aufgehoben. Alles ist echt, die Blumen, das Kedgeree zum Frühstück und die Herzlichkeit der zuvorkommenden Angestellten.
ÜBER SPEIS UND TRANK: Im erstklassigen kleinen Restaurant erhält man ein 3-Gang-Menü mit Kaffee für maximal 30 £. Vegetarier-Menü für 20 £. Zusammen mit dem gemütli-

NORDENGLAND FESTLAND

chen Biergarten im Innenhof bietet die populäre Bar mehr Platz aber auch einen höheren Geräuschpegel. Eine im Ofen geröstete Entenbrust mit Orangensalat gibt's für 11 £. Als flüssige Spezialität kann ich das „Crackshot Ale" empfehlen. Das Bier wird seit ein paar Jahren nach einem uralten Rezept gebraut, das man in der Schloss-Bibliothek fand, aufgeschrieben 1658 von einem ehemaligen Hauswart.

ZUR UMGEBUNG: Das Schloss von Ripley ist seit 26 Generationen im Besitz der Ingilbys. Die äußere Form des Schlosses, indem die heutigen Ingilbys mit ihren fünf Kindern wohnen, wurde seit 1780 nicht mehr verändert. Im Turm aus dem Jahre 1555 sind die Stockwerke mit einer engen, steilen Wendeltreppe miteinander verbunden. In der Ritterkammer, zuoberst im Turm, sind mittelalterliche Waffen und Gerätschaften ausgestellt. Die auf dem Grundstück oder im Haus gefundenen Schwerter, Gewehre, Schuhe und Teile von Rüstungen dürfen von den Besuchern in die Hand genommen werden. Hinter dem Schloss, auf dem 400 Hektaren großen Grundstück, befindet sich ein prächtiger «Walled Garden». Dieser durch die Mauer windgeschützte Garten ist umgeben von einem hübschen Wald, einem See und einem Tierpark mit Hirschen und Rehen.

LEITUNG DES HAUSES: Sir Thomas und Lady Ingilby.
GEÖFFNET: Ganzjährig.
KÜCHE: Modern-Englisch.
ANZAHL ZIMMER: 19 im Haus, 6 in der Dependance.
ZIMMERPREISE: 60 £ - 120 £.
FÜR DEN GAST: Freier Eintritt ins Schloss.

COACH HOUSE SWISS RESTAURANT
WHITEHALL
MEALSGATE, CARLISLE, CUMBRIA, CA5 1JS
TEL: 016973 71 388

ANREISE (AUTO): A595 zwischen Carlisle und Cockermouth. Nach Carlisle sind es rund 30 km. Oder von Keswick auf die A591 über Bassenthwaite. Nach Bothel 3 km Richtung Carlisle.

HAUS AUS DER EPOCHE: 1861.

VOM HAUS: Während das alte Herrschaftshaus, wo einst der 1807 geborene Einheimische und in London zu Wohlstand gekommene George Moore wohnte, in Ruinen zerfällt, entdeckt der Gast im Nebengebäude kulinarische Betriebsamkeit. Die Innenarchitektur mit den halbrunden Mauerbogen und den roten Teppichen erinnert sanft an die Schweizer Heimat des Gastgebers Ueli Mäder. „Während der Zeit, als ich im Lodor Swiss Hotel in Borrowdale arbeitete, entdeckte ich die zerfallenen Stallungen," erinnert sich Mäder. „Im Jahre 1984 entschlossen meine Frau Audrey und ich, daraus ein Restaurant zu machen."

ÜBER SPEIS UND TRANK: In der Küche wirkt Ueli Mäder persönlich. Neben seinen Spezialitäten wie «Zürcher Ratsherrentopf», «Cordon-bleu», Käseschnitten oder «Crêpe Belle Suisse» finden wir auf der wechselnden Karte auch englische Gerichte.

NORDENGLAND FESTLAND

„Viele Engländer kennen Kalbfleisch und Rahmsaucen nicht," ergänzt Mäder während er in der Küche den Kartoffelstock auf den heißen Tellern anrichtet. „Ein Evergreen ist auch mein Käsefondue." Sechs Vorspeisen stehen zur Auswahl, welche je etwa 4 £ kosten. Als Hauptgang gibt es gut 10 Gerichte (alle zwischen 8 £ und 10 £), zum Dessert gibt es nebst verschiedenen Eisspezialitäten wie «Coupe Bailey» oder «Café Glacé» auch «Basler Kirschschaum» und «Meringue» mit frischem Fruchtsalat und Schlagrahm.

ZUR UMGEBUNG: Fährt man westwärts über Aspatria nach Allonby, so treffen wir auf die Küste des «Solway Firth», welcher mit seinem Wattenmeer ein Vogelparadies ist. Zwischen dem alten Hafen von Maryport und dem viktorianischen Seebad Silloth erstrecken sich kilometerlange Sand- und Kiesstrände. Nordwärts über Wigton erreichen wir den kleinen Ort Bowness-on-Solway, wo vor fast 1900 Jahren der «Hadrian's Wall» (www.hadrians-wall.org) die nordwestlichste Ecke der römischen Provinz «Britannia» markierte.

LEITUNG DES HAUSES: Audrey und Ueli Mäder.

GEÖFFNET: Ganzjährig / Montag und Dienstag sowie vier Wochen im Januar / Februar geschlossen.

KÜCHE: Schweizerisch/Französisch/Englisch.

ANZAHL ZIMMER: keine / zwei Ferienwohnungen für 2 resp. 4 - 6 Personen.

FÜR DEN GAST: Bar mit einer guten Auswahl bekannter Aperitifs, Cognacs und Whiskys.

CROSBY LODGE
HIGH CROSBY
CROSBY-ON-EDEN, CUMBRIA, CA6 4QZ
TEL: 01228 573 618
FAX: 01228 573 428

E-Mail: enquiries@crosbylodge.co.uk
Internet: www.crosbylodge.co.uk

ANREISE (AUTO): Von Carlisle auf der A689 Richtung Carlisle Airport. Nach 6 km der Beschilderung «High Crosby» und «Crosby Lodge» folgen.

HAUS AUS DER EPOCHE: Spät-Georgianisch, erbaut 1808.

VOM HAUS: Der Name «Crosby Lodge» wird erstmals 1801 erwähnt, als der aus Ayrshire in Schottland stammende David Kennedy zusammen mit seiner englischen Frau Elisabeth Dalton mit der Planung ihres neuen Hauses begannen. Die heutige Gastgeberin Patricia Sedwick erzählt: „Mit dem Erwerb von Crosby Lodge verwirklichten wir uns einen Jugendtraum." Beim Betreten des Hauses spürt man deutlich, dass das langjährige Team, das historisch gewachsene Haus und die regelmäßig wiederkehrenden Gäste eine Einheit ergeben. Hier gibt es noch immer den Sweet Trolley nach dem Essen, eine uralte britische Gast-Tradition. Reizvoll sind auch die verschiedenen Fauteuils aus viktorianischen Zeiten, die entsprechend ihrer Verwendung und Form liebevoll «Love Seat», «Conversation Piece», «Chaise longue» und «Prayer Chair» genannt werden.

ÜBER SPEIS UND TRANK: Uns hat zum Beispiel «Half Advocado filled with Solway Shrimps and Lemon Cream», gefolgt von gegrillten Sardinen und einem vegetarischen Ofengericht und frischem Gemüse überzeugt. Ein Traum für Gau-

NORDENGLAND FESTLAND

men und Auge ist Patricia's Sweet Trolley, wo ich mich für «Syllabub» - Rhabarber aus dem Crosby Lodge-Garten mit Doppelrahm und Weißwein - entschied.

ZUR UMGEBUNG: Blicken wir Richtung Westen, so eröffnet sich uns ein überwältigender Blick über die Pferdeweide mit seinem alten Baumbestand. „Obwohl das Land seit 1970 nicht mehr zu Crosby Lodge gehört, können unsere Gäste ungestört in der parkartigen Weide verweilen. Rund 10 km von Crosby Lodge entfernt liegt der «Talkin Tarn». Den See, welcher vor rund 10'000 Jahren durch einen Gletscher gebildet wurde, erreichen wir über den schmucken, am «Hadrian's Wall» gelegenen Marktort Brampton. Der Spaziergang um den See, durch Weiden und lichte Laubwälder, dauert etwa eine Stunde. Dann lädt das «Boat House» zu Tee und Kuchen, zu einem traditionellen Sandwich oder zu einer hausgemachten Suppe ein. Wenn die Tage kühler werden und sich die Laubbäume gelb und rot färben, dann brennt für uns im Tea Room ein offenes Kaminfeuer!

LEITUNG DES HAUSES: Patricia und Michael Sedwick.
GEÖFFNET: Ganzjährig außer Weihnachten – Neujahr.
KÜCHE: Ein Höhepunkt für Mund und Auge. Alles ist hausgemacht!
ANZAHL ZIMMER: 11.
ZIMMERPREISE: 50 £ - 82 £.
FÜR DEN GAST: Haus auch geöffnet für Passanten. Tagsüber «Business Breakfast», «Lunch» und «Afternoon Tea». «Drawing Room» und «Cocktail Bar».

**THE CROWN & MITRE HOTEL
ENGLISH STREET
CARLISLE, CUMBRIA, CA3 8HZ
TEL: 01288 525491
FAX: 01228 514553**
E-Mail: info@crownandmitre-hotel-carlisle.com
Internet: www.peelhotel.com

ANREISE (AUTO): Carlisle ist Endpunkt der alten Landstrasse A6, die in Luton (London) beginnt. M6 aus den Midlands, A74 (M) aus Glasgow. Hoteleigener, abgeschlossener Parkplatz hinter dem Haus.

HAUS AUS DER EPOCHE: Eröffnet 1905 an der Stelle, wo seit dem 18. Jh. ein Coaching Inn stand. Der Entwurf zum edwardianischen Bau stammte von George Dale Oliver von Oliver&Dodgshun in Carlisle.

VOM HAUS: Das Crown & Mitre Hotel liegt direkt im autofreien Stadtzentrum. Beim Betreten des Hauses verlassen wir die Betriebsamkeit der Kleinstadt und tauchen mit wenigen Schritten in die Ruhe einer Oase ein. Über den geschwungenen Aufgang gelangen wir zu unserem Zimmer, das uns einen direkten Ausblick auf den Marktplatz eröffnet. Es ist nun Zeit, mit einer Tasse Tee ins Sofa zu versinken. Die Zimmer sind mit allem Komfort ausgerüstet; kaum fassbar wirkt die Großzügigkeit des Zimmers mit dem Messingschild «Carliol Suite». Während das Bild «The English Gate» Erinnerungen an die mittelalterliche Stadt aufkommen lässt, genießen wir die wohltuende Wärme. Ein Abend in Zweisamkeit – oder in Gesellschaft mit Freunden – wird hier zu einem unvergesslichen Erlebnis.

NORDENGLAND FESTLAND

ÜBER SPEIS UND TRANK: Nach dem 3-gängigen «English Breakfast», das im Crown & Mitre à discretion gereicht wird, ist die Versuchung nahe, die Stadt auszukundschaften. Ein Geheimtipp ist die kleine Stehbar «The Sandwich Place», 32 Fisher Street, wo es die unwiderstehlichen «Egg & Mayonnaise»- und «Chicken Curry»- Sandwichs gibt. Wieder zurück im Hotel, lädt die «Tavern Bar» zu einem «Bitter Ale» ein.

ZUR UMGEBUNG: Die Kleinstadt mit der markanten Zitadelle und dem unübersehbaren Schloss liegt nur 10 km von der schottischen Grenze entfernt. Hier schätzen wir die frische Luft des Nordens und die Tatsache, dass alles in Fußgängerdistanz vor dem Hotel liegt. Unmittelbar neben dem Marktplatz liegt die gotische Kathedrale. Nur wenige Meter von der Brücke über den «River Eden» entfernt, befindet sich die Stelle, wo der «Hadrian's Wall» vor fast 1900 Jahren die nördliche Grenze der römischen Provinz «Britannia» festsetzte.

LEITUNG DES HAUSES: Domingo Perdomo.

GEÖFFNET: Ganzjährig.

KÜCHE: Englisch. «Peace and Plenty Restaurant» mit Buffet à discretion. Grosse Weinkarte.

ANZAHL ZIMMER: 94.

ZIMMERPREISE: 60 £ - 110 £. *110 - 110 £*

FÜR DEN GAST: Schwimmbad, «Tavern Bar» (Brasserie), Ballraum für Hochzeiten.

**THE DEVONSHIRE ARMS
COUNTRY HOUSE HOTEL
SKIPTON, NORTH YORKSHIRE, BD23 6AJ
TEL: 01756 718 111
FAX: 01756 710 564**
E-Mail: reservations@thedevonshirearms.co.uk
Internet: www.devonshirehotels.co.uk

ANREISE (AUTO): Von Skipton: A59 Richtung Osten bis zum Kreisel im Talboden. Dort links auf die A6160, nach 200m rechts.
HAUS AUS DER EPOCHE: Der ältester Teil, der «old wing» datiert aus dem Jahre 1753.
VOM HAUS: An der Stelle, wo sich heute die «Long Lounge» befindet, stand 1539 ein Bauernhof. Es war ein so genanntes «Longhouse», in dem Menschen und Tiere unter demselben Dach wohnten. 1753 wurde im Auftrag des Herzogs von Devonshire ein Coaching Inn gebaut. Im neuen Gasthof wurden die Pferde der Kutschen gewechselt und gefüttert. Heute trinken hier die ankommenden Gäste in der «Cocktail Lounge» einen Tee oder nippen an einem Sektglas vor dem Dinner. Die Zimmer sind fürstlich eingerichtet, mit Himmelbetten und Teppichen, in denen man bis zu den Knöcheln einsinkt.

Die Rezeption, die «Devonshire Brasserie» und der neue Flügel mit den luxuriösen Suiten wurden 1982 angebaut. Dadurch entstand ein Innenhof mit einem schönen italienischen Garten. Alle Gästezimmer und die Aufenthaltsräume im alten Teil wurden von der Herzogin persönlich eingerichtet. Jedes Zimmer hat sie mit Originalbildern einem anderen Maler gewidmet.

NORDENGLAND FESTLAND

ÜBER SPEIS UND TRANK: Mit Chef Michael Wignall kam das «Burlington Restaurant» 2002 zu seinem ersten Michelin Stern. Für ein 4-Gang-Menü zahlt man daher den stolzen Preis von 55 £. Eher für eine alltägliche Mahlzeit eignet sich die «Devonshire Brasserie & Bar», wo man bereits für 15 £ einen «Caesar Salad» und ein Steak erhält. Was aber das Hotel definitiv vom Normalen abhebt ist die exzessive Weinliste mit ihren nahezu 1500 Weinsorten! 60 davon werden «House Wine» genannt.

ZUR UMGEBUNG: Die Abtei ist ein beliebtes Ausflugsziel und Naherholungsgebiet für die Agglomeration von Leeds. Der Ort ist auch das südliche Tor der Yorkshire Dales. Im beliebten Nationalpark, mit seiner spektakulären Landschaft, finden wir unzählige Möglichkeiten zum Fischen, Jagen und Wandern. Der populäre «Pennine Way» durchquert den Park in seiner ganzen Länge von Süden nach Norden.

LEITUNG DES HAUSES: Aman Elliot.
GEÖFFNET: Ganzjährig.
KÜCHE: Britisch-International. Weinkarte mit 1500 Sorten.
ANZAHL ZIMMER: 41.
ZIMMERPREISE: 100 £ - 175 £, Spezialangebote ab zwei Nächten.
FÜR DEN GAST: Eigenes Fitness- und Beauty-Center, Gratiseintritt zur Bolton Abbey, Tontauben-Schiessen.

NORDENGLAND FESTLAND

DUNSLEY HALL
DUNSLEY
WHITBY, NORTH YORKSHIRE, YO21 3TL
TEL: 01947 893 437
FAX: 01947 893 505
E-Mail: reception@dunsleyhall.com
Internet: www.dunsleyhall.com

ANREISE (AUTO):   Von Kingston-upon-Hull über die Küstenstrassen A165 und A171. Von York via A64 und A169. Von Darlington via A171. Hoteleigener Parkplatz.

HAUS AUS DER EPOCHE: Viktorianisch, erbaut 1900.

VOM HAUS: Dunsley Hall wurde vom wohlhabenden Schiffmagistrat Pyman aus Hartlepool als Sommerresidenz erbaut. Das Innere ist weitestgehend im Originalzustand, Wände und Decken sind aus massivem, wunderschön verarbeitetem Eichenholz. Gemäss Carol Ward, der heutigen Besitzerin des Hauses, soll der Innenausbau von denjenigen Meistern stammen, die auch an der Titanic arbeiteten. Ruhig schlägt die mit «W. Smith Huddersfield» gezeichnete Standuhr beim Eingang zur «Library Lounge» jede volle Stunde. Lässt man sich Zeit im Haus, so erhält man Eindrücke, wie die Herrschaften vor rund 100 Jahren lebten.

ÜBER SPEIS UND TRANK: Nachmittags trifft man sich zum «Afternoon Tea» oder Abends zum «table d'hôte menu», das etwa 25 £ kostet. Bei Kerzenlicht geht der Abend nach der Vorspeise harmonisch in den Hauptgang über, wo uns z.B. «Poached Seabass» an einer feinen Erbsensauce, begleitet von liebevoll präsentiertem Kartoffelstock überzeugte. Die ersten vier Gänge des 5-Gang-Menüs beenden wir mit einer Auswahl

NORDENGLAND FESTLAND

an englischem Käse, dann werden wir in die «Library Lounge» gebeten, um bei einem Glas Portwein und hausgemachten Pralinen den Abend in Plüschsofas ausklingen zu lassen.

ZUR UMGEBUNG: Blicken wir aus den Fenstern Richtung Osten, so erkennen wir die Nordsee in 2 km Distanz. Sandstrände wechseln sich mit Klippen ab, die schon manchem Schiff zum Verhängnis wurden. Der ehemalige Walfangort Whitby - rund 5 km von Dunsley Hall entfernt - wurde von den Anglo-Saxen gegründet. Unübersehbar ist die «Whitby Abbey», die im Jahre 664 von St. Hilda gegründet wurde. Fahren wir nordwärts der Küste entlang, so entdecken wir das versteckte Schmugglernest Staithes, wo Captain James Cook arbeitete, bevor er mit seinen - in Whitby erbauten Schiffen - die Welt umsegelte. Das dortige «Heritage Centre» mit den vielen alten Photographien und Bildern von den Seefahrern der Gegend ist ein Geheimtipp!

LEITUNG DES HAUSES: Carol und Bill Ward.
GEÖFFNET: Ganzjährig.
KÜCHE: Französisch. Ein Höhepunkt für Mund und Auge. Grosse Weinkarte.
ANZAHL ZIMMER: 19.
ZIMMERPREISE: 60 £ - 80 £.
FÜR DEN GAST: Schwimmbad, Bar, «Library Lounge» (ehemaliges Billardzimmer).

NORDENGLAND FESTLAND

**THE FORRESTERS ARMS HOTEL
KILBURN, NORTH YORKSHIRE, YO61 4AH
TEL / FAX: 01347 868 386**
E-Mail: paulcussons@forrestersarms.fsnet.co.uk
Internet: www.forrestersarms.fsnet.co.uk

ANREISE (AUTO): Von Thirsk auf der A170 Richtung Scarborough. Nach 3 km beim Wegweiser Kilburn rechts abbiegen.
HAUS AUS DER EPOCHE: 12. Jh.
VOM HAUS: „Die Geschichte des Gasthauses geht zurück ins 12. Jh., als der Raum, wo sich heute die «Upper Bar» befindet, als Pferdestallung genutzt wurde," verrät Peter Cussons, der mit seinem Sohn Paul das Haus führt. Auffallend sind die Eichenmöbel, welche der ortsansässige «Mouseman» Robert Thompson vor rund 50 Jahren für den Forrester Arms schreinerte. Die Geschichte des Schreinermeisters mit den berühmten, ins Holz geschnitzten Mäusen, geht zurück ins 19. Jh., als Robert Thompson das Kunsthandwerk mit englischem Eichenholz in den Kathedralen von Ripon und York wieder entdeckte.
ÜBER SPEIS UND TRANK: In ungezwungener Atmosphäre kann man preiswert und gut speisen. Auf der täglich wechselnden Speisekarte – es gibt sie nur auf der Wandtafel - finden wir Gerichte wie «Haddock & Chips » zu 6.80 £, «Lamb Chops with Mint Sauce» oder «Steak & Ale Pie» für weniger als 8 £.
ZUR UMGEBUNG: „In Fußdistanz finden wir in den Hableton Hills das «White Horse», ein etwa 100 m großes Pferdebild," erklärt Peter Cussons. „Im Jahre 1857 wurde die Grasnarbe vom Dorfschullehrer John Hodgson und 20 Helfern bis auf den nackten Kalkstein gestochen." Über «Sutton Bank» mit seiner Straßensteigung von 25 Prozent erreichen wir den «North

Yorkshire Moors National Park», eine Heidelandschaft mit verträumten Dörfern, einer Museumsbahn und der spektakulären Nordseeküste zwischen Scarborough und Whitby. In Richtung Westen sind Ripon mit seiner über 1300 Jahre alten Kathedrale, «Fountains Abbey & Studley Royal Water Garden» des National Trust ebenso wie der Marktort Thirsk zu erwähnen. Im «The World of James Herriot» werden wir Zeugen der Tierarzt-Novellen, welche Alf Wight vor rund 60 Jahren schrieb.

LEITUNG DES HAUSES: Peter und Paul Cussons.

GEÖFFNET: Ganzjährig. Geschlossen 25. Dezember und Silvester/Neujahr.

KÜCHE: «Home made Cooking» mit lokalen Zutaten.

ANZAHL ZIMMER: 10, davon 1 Familienzimmer mit Kajütenbett.

ZIMMERPREISE: 24 £ - 34 £ / Dinner, Bed & Breakfast ab 32 £ / Ermäßigung ab 2 Nächten.

FÜR DEN GAST: «Lower Bar» mit guter Whisky- und Bierauswahl. Spezialitäten aus Nick Stafford's Hambleton Brewery in Holme-on-Swale. (www.hambletonales.co.uk). Restaurant mit offenem Kaminfeuer.

GOLF HOTEL
CRIFFEL STREET
SILLOTH-ON-SOLWAY, CUMBRIA, CA7 4AB
TEL: 016973 31438
FAX: 016973 32582

E-Mail: info@golfhotelsilloth.co.uk
Internet: www.golfhotelsilloth.co.uk

ANREISE (AUTO):   Von Carlisle: Landstrasse A596 Richtung Maryport. In Aspatria nach rechts auf die B5301. Das Hotel liegt unmittelbar beim Park an der Seepromenade.

HAUS AUS DER EPOCHE: 1867.

VOM HAUS: Mit italienischem Charme kommt uns nach der Ankunft im Hotel Fausto Previtali entgegen, wo es scheint, dass die Zeit viele Jahre stehen geblieben ist. „Zu viktorianischen Zeiten, als Silloth wegen seiner guten Luft und den langen Sandstränden eines der beliebtesten Seebadeorte im Nordwesten war, hieß unser Haus «Solway Hotel», erinnert sich Fausto. „Beinahe wäre aus unserem Ort das königliche «Silloth Regis» geworden!" Während Fausto dem Gast einen Nardini-Grappa serviert, kümmert sich Christine um die Küche. „Viele unserer Stammgäste kommen wegen des einmaligen Golf-Rasens nach Silloth." So kommt es, dass das Haus zum Preis von knapp 250 £ einwöchige «Golf Breaks» anbietet, die auch das Abendessen beinhaltet. Die freundlich-hellen Zimmer – teilweise mit Bad – geben eine freie Aussicht auf die viktorianische Kleinstadt.

ÜBER SPEIS UND TRANK: Während des Tages kann der Gast aus dem reichhaltigen «Bar Meal Menu» auswählen, wo mich z.B. «Home potted Solway Shrimps on brown toast» überzeugte. Am Abend kommt die große Speisekarte auf den Tisch, wo

NORDENGLAND FESTLAND

es zum Preise von 17.50 £ ein 3-Gang-Menü inkl. Kaffee und «Mints» gibt. So gibt es z.B. «Fusilli» an Bolognesen-Sauce, gefolgt von «Roast Sirloin Beef» mit Meerrettich-Sauce und begleitet von «Yorkshire Pudding».

ZUR UMGEBUNG: Heute ist der Ort ziemlich verschlafen, die Strasse entlang der Promenade ist mit Kopfsteinpflaster belegt. Mit den wenigen kleinen Geschäften kommt beim Besucher eine Museums-Atmosphäre auf. Fahren Sie südwärts Richtung Maryport, treffen Sie auf die geradegezogene Küste des «Solway Firth», welche im Sommer Unerschrockene zum Baden im Atlantik einlädt. In Maryport finden Sie das «Coast Aquarium», wo Ihnen die Meeresfauna lebendig vor Augen geführt wird. Nordwärts erreichen wir den kleinen Ort Bowness-on-Solway, wo vor fast 1900 Jahren der «Hadrian's Wall» (www.hadrians-wall.org) die nordwestlichste Ecke der römischen Provinz «Britannia» markierte.

LEITUNG DES HAUSES: Christine und Fausto Previtali.
GEÖFFNET: Ganzjährig außer am 25. Dezember.
KÜCHE: Wie zu Großvaters Zeiten! Typische Fisch- und Fleischgerichte aus Cumberland.
ANZAHL ZIMMER: 25.
ZIMMERPREISE: 25 £ - 45 £.
FÜR DEN GAST: Eine «Bar», die auch in Milano sein könnte!

NORDENGLAND FESTLAND

GREEN DRAGON INN
HARDRAW
HAWES, NORTH YORKSHIRE, DL8 3LZ
TEL: 01969 667 392
E-Mail: mark@greendragonhardraw.com
Internet: www.greendragonhardraw.com

ANREISE (AUTO):   Hawes liegt an der A684 zwischen Kendal und Leyburn. Der Weiler Hardraw liegt 1 1/2 Meilen nördlich von Hawes.
HAUS AUS DER EPOCHE: 16. Jh.
VOM HAUS: Es wird gesagt, dass Teile dieses Haus aus dem 13. Jh. stammen. Sicher ist, dass es bis zur Auflösung der Klöster im Jahre 1539 ein Außenposten der Zisterzienser Mönche vom Münster Jervaulx war. Der westliche Teil der Bar war zu dieser Zeit eine Schutzhütte für die Schafhirten. Darum hat Mark Thompson, der heutige Besitzer, auch einen «Lambing Chair» im Restaurant stehen. Ein spartanischer Ohrensessel aus Holz, den die Schafhirten mit aufs Feld nahmen und darin schliefen. Interessant ist auch die Herkunft des ungewöhnlichen Namens «Green Dragon». Vor 10 Jahren wurde beim Wasserfall ein Fußabdruck eines Megapezia gefunden, eines vierbeinigen Dinosauriers in Form eines riesigen Salamanders. Es wird vermutet, dass schon die Mönche solche prähistorischen Funde machten und darauf den Ort Green Dragon nannten.
ÜBER SPEIS UND TRANK: Typischer «Bar-Food», der an der Bar zu bestellen ist. Die Auswahl reicht vom «Black Pudding» als Vorspeise über die obligaten «Fish & Chips», einem Chili con Carne oder einer Lasagne bis zum hausgemachten Apfelkuchen. Mit drei Gerichten wird auch an die Vegetarier gedacht.

NORDENGLAND FESTLAND

Die meisten Hauptgerichte kosten etwa 7 £, die Vorspeisen um 3.50 £. Dazu wird neben den gängigen Drinks eine gute Auswahl an «Cask Conditioned Ales» angeboten.

ZUR UMGEBUNG: Das Gasthaus wurde vor allem durch den größten ungebrochenen Wasserfall in England bekannt, welchen wir fünf Gehminuten hinter dem Haus finden. Ungebrochen heißt, die Wassermassen erleben 27 m Freifall bevor sie in einem natürlichen Amphitheater in einem kleinen Waldstück als Bach weiterfließen. Hier wird jedes Jahr, der guten Akustik wegen, am zweiten Sonntag im September ein Blasmusik-Wettstreit abgehalten. Hardraw ist ein kleiner Weiler, in dem vor allem an Wochenenden Betriebsamkeit aufkommt. Dann nämlich organisiert Mark, seines Zeichens «Innkeeper» und Wasserfall-Besitzer, Feste: Mitte Mai geht das Bier- und Schwert-Tanz Festival und am letzten Juliwochenende das «Upper Wensleydale Gathering» über die Bühne. Ein Volksmusiktreffen mit Handarbeiten und Künstlern aus der Region und ein Muss für alle Folklore Liebhaber. Praktisch jeden Samstagabend spielt zudem eine Folk-Band in der Bar des «Green Dragon». Aber auch die Wanderer kommen auf ihre Kosten; der berühmte über 350 km lange «Pennine Way» führt direkt am Haus vorbei.

LEITUNG DES HAUSES: Mark und Yvonne Thompson.
GEÖFFNET: Ganzjährig.
KÜCHE: Pub-Gerichte durchgehend bis 22 Uhr.
ANZAHL ZIMMER: 16, 7 Wohnungen mit eigener Küche für 2 bis 4 Personen.
ZIMMERPREISE: 20 £ - 25 £.
FÜR DEN GAST: Gratis-Eintritt zum Wasserfall.

**THE HIGHLAND DROVE INN
GREAT SALKELD
NEAR PENRITH, CUMBRIA, CA11 9NA
TEL: 01768 898 349
FAX: 01768 898 708**
E-Mail: highlanddroveinn@btinternet.com
Internet: www.highland-drove.co.uk

ANREISE (AUTO): Von Penrith auf A686 Richtung Alston. Vor Langwathby Wegweiser nach Gt. Salkeld beachten. The Highland Drove Inn finden Sie gleich hinter der alten Kirche.
HAUS AUS DER EPOCHE: 1800.
VOM HAUS: Viel ist von der rund 200-jährigen Geschichte des Hauses nicht bekannt. „Das weißgetünchte Backsteingebäude wurde als Herberge für die aus Schottland kommenden Viehtreiber (Highland Drovers) gebaut," weiss jedoch Donald Newton zu berichten. „Damals gab es noch keine Transportmittel, um die Hochland-Kühe aus Schottland in die Städte Südenglands zu bringen, und so kam es, dass die Tiere über weite Strecken getrieben wurden." Den Gasthof betreten wir durch den kleinen Windfang und gelangen in die Wirtschaft, wo der Chef den Gast persönlich umsorgt. Nachdem wir mit einer Pint Dunkelbier «Theakston´s Mild» unseren Durst fürs erste gestillt haben, werden wir zu Tisch im «Kylos Restaurant» im ersten Stock des Hauses gerufen. „Die restaurierten und mit schottischen Tartanstoffen überzogenen Stühlen, sowie die alten Heizradiatoren haben schon in einem andern Haus gelebt," bemerkt der Gastgeber mit Stolz. Die fünf Gästezimmer sind einfach aber gemütlich. Sie geben den Blick frei auf das kleine Dorf.

NORDENGLAND FESTLAND

ÜBER SPEIS UND TRANK: „Good value for money," bemerkt ein Einheimischer aus Penrith, der mit seiner Frau regelmäßig Gast im «Highland Drove» ist. „Seit Donald Newton das Haus leitet, gilt das Higland Drove Inn in Cumbria als Geheimtipp." So gab es zum Essen «Boudin Noir with apples and horseradish cream sauce» (Blutwurst) zu 4.75 £, Kalbsleber an einer Senf-Rotweinsauce (10.95 £) und zum Dessert ein Rhabarber-Kompott mit Vanilleeis.

ZUR UMGEBUNG: Das kleine, ruhige Dorf Gt. Salkeld liegt inmitten des Eden Valley, welches bei Radfahrern und Autotouristen beliebt ist. Unmittelbar neben dem «Highland Drove Inn» befindet sich die Kirche St. Cuthbert, welche vom Schottenkönig Alexander als befestigtes Gotteshaus gebaut wurde. Hinter den dicken Mauern und den schmalen Fenstern finden wir einen Raum für Gefangene wie auch einen offenen Kamin zu Heizzwecken! Etwas nördlich von Gt. Salkeld steht «Long Meg», welcher nach «Stonehenge» als zweitgrößter Steinkreis gilt. Die etwa 30 km lange Route A686 nach Alston gilt als eine der weltweit reizvollsten Strassen. Auf dem 580 m hohen «Hartside Pass» - wo der rote Sandstein des Eden Valley in den grauen Sandstein der Pennines übergeht genießt man der wohl schönsten Aussichten auf den Britischen Inseln!

LEITUNG DES HAUSES: Donald Newton.
GEÖFFNET: Ganzjährig.
KÜCHE: International. Ein Geheimtipp!
ANZAHL ZIMMER: 5.
ZIMMERPREISE: 25 £.
FÜR DEN GAST: «Kylos» Restaurant mit Balkonterrasse und Biergarten im Sommer.

HORSLEY HALL
EASTGATE IN WEARDALE, CO. DURHAM, DL13 2LJ
TEL: 01388 517 239
FAX: 01388 517 608

E-Mail: hotel@horsleyhall.co.uk
Internet: www.horsleyhall.co.uk

ANREISE (AUTO):   Von Darlington A68 Richtung Norden, auf die A689 westwärts ins Tal Weardale. Kurz vor Eastgate dem braunen Wegweiser «Horsley Hall» links über die Brücke folgen. An der T-Kreuzung nach der kurzen Steigung links. Nach ca. 1 km steht das Haus linker Hand.

HAUS AUS DER EPOCHE: 17. Jh.

VOM HAUS: Horsley Hall wurde als Jagdhaus des Bischofs von Durham an einem Platz am Hang errichtet, von wo aus man das ganze Tal überblicken kann. Hier wurden auch Pferde gewechselt, darum der Name «Horsley Hall». Bis 1955 war das Herrenhaus im Besitz der Hilyard Familie, deren Existenz im Tal bis auf 500 Jahre zurückverfolgt werden kann. 1975 wurde die «Baronial Hall», der heutige Esssaal, von Derrick Barnaby renoviert. Die Decke erstand er in Morpeth, Northumberland, wo ein ähnliches Haus abgebrochen wurde, und brachte sie hierher. Damit erhielt das Haus den ursprünglichen georgianischen Charakter wieder zurück. Liz Curry und ihr Partner Derrick Glass führen das Haus seit nunmehr sieben Jahren als Hotel. Die beiden verstehen es, ihr Flair für ein gepflegtes und geschmackvolles Ambiente auf sympathische Art mit ihrer unkomplizierten und toleranten Lebenseinstellung zu mischen.

NORDENGLAND FESTLAND

ÜBER SPEIS UND TRANK: Sehr hohen Wert legt Chef Liz Curry auf frische lokale Zutaten. So bezieht sie alles Fleisch, Früchte und Gemüse von Bauern aus der Umgebung und die Meerfische aus Northshields bei Newcastle. Ihr exklusives und überaus preiswertes 3-Gang-Menü kostet 22.50 £. Z.B.: Delikate Hauspastete mit rotem «Onion Chutney» als Vorspeise, ein würziger, hausgemachter «Steak & Ale Pie» als Hauptspeise und zum Nachtisch ein vortreffliches Eis nach eigenem Rezept.

ZUR UMGEBUNG: Eine lokale Attraktion ist das Bleiminen-Museum in Killhope. Die Anlage steht zuhinterst im urtümlichen von Hochebenen umgebenen Tal «Weardale» und ist mit ihrem markanten Wasserrad von der nach Alston führenden Strasse aus nicht zu übersehen. Ein besonderes Erlebnis ist die geführte Tour tief in den Berg zur Mine, welche noch bis ins Jahr 1910 in Betrieb war. Dabei erlebt man die Bleiadern und das Leben der damaligen Bergleute hautnah. Der Trip kostet 5 £ für Erwachsene. Einen Ausflug wert ist auch der Stausee «Derwent Reservoir» oder die Städte Newcastle, der Hauptort Durham oder Darlington mit seinem bekannten Eisenbahn-Museum.

LEITUNG DES HAUSES: Liz Curry und Derrick Glass.
GEÖFFNET: Ganzjährig, außer an Weihnachten und Neujahr.
KÜCHE: International.
ANZAHL ZIMMER: 7, zwei davon für Familien.
ZIMMERPREISE: 45 £ - 75 £.
FÜR DEN GAST: Genügend Pferdeboxen für Gast-Pferde. Kochkurse in den Wintermonaten.

NORDENGLAND FESTLAND

**THE IMPERIAL HOTEL
NORTH PROMENADE
BLACKPOOL, LANCASHIRE, FY1 2HB
TEL: 01253 623 971
FAX: 01253 751 784**
E-Mail: imperialblackpool@paramount-hotels.co.uk
Internet: www.paramount-hotels.co.uk

ANREISE (AUTO):   M55 (London-Carlisle) bis Blackpool.
HAUS AUS DER EPOCHE: 1867.
VOM HAUS: Das Imperial Hotel gilt als eines der berühmtesten Hotels in England. Der Bau geht zurück in die Zeit, als Blackpool zum viktorianischen Badeort entwickelt wurde. Seit das majestätische, die «North Shore» überblickende Haus im Jahre 1867 eröffnet wurde, waren nicht nur Charles Dickens sondern auch alle britischen Premierminister Gast des Hauses. Auch Präsident Clinton war schon Teilnehmer der jährlich stattfindenden Jahresversammlung der «Labour Party». Betreten wir das direkt an der Promenade liegende Haus durch die Drehtüre, so empfängt uns der feine Duft frischer Blumen. „A charming hotel" sagte bereits Dickens im Jahre 1869 und diesen Eindruck hatte ich auch jetzt nach 134 Jahren. Es ist die informell-elegante Atmosphäre und das freundliche Personal, welches das 180-Betten-Haus trotz seiner Größe familiär und einladend macht.
ÜBER SPEIS UND TRANK: Wir genießen wir das Schlemmerbuffet à discrétion für knapp 20 £. Zur Auswahl stehen «Traditional Roast Turkey», «Roast Sirloin of Beef» oder «Braised Lamb Shank». Unvergesslich bleibt auch das Dessertbuffet, wo «Apple and Cinnamon Crumble and Custard» es uns angetan

NORDENGLAND FESTLAND

hat. Später ziehen wir uns in die «No. 10 Bar» zurück, wo uns die Premiers Churchill, Attlee, MacMillan, Wilson, Callaghan, Thatcher, Major und Blair auf Photos und Zeitungsausschnitten Gesellschaft leisten. An der Theke gibt es auch feine Havanna-Cigarren.

ZUR UMGEBUNG: Blackpool ist die Stadt der Glitzerwelt mit unzähligen Eisdielen und Unterhaltungsbuden entlang der kilometerlangen Seepromenade mit seinen drei «Piers» genannten Vergnügungsstege. Als erste Stadt erhielt Blackpool bereits im Jahre 1885 eine elektrische Straßenbahn, welche noch heute die rund 16 km lange Strecke zwischen Stargate und Fleetwood befährt. Im September und Oktober, während der «Blackpool Illuminations», wird die ganze Stadt farbig beleuchtet. Eine Fahrt auf dem Riesenrad, welches sich über dem Wasser auf dem «Central Pier» dreht, ist dann ein besonderer Genuss. Gepflegt geht es im «Grand Theatre» (www.blackpoolgrand.co.uk) zu, wo Vorstellungen wie «Carmen», «Pasadena Roof Orchestra» oder «Singin' in the Rain» regelmäßig im Programmheft stehen.

LEITUNG DES HAUSES: Mark Edwards.
GEÖFFNET: Ganzjährig. Ausnahme eine Woche im Herbst.
KÜCHE: Typisch britisch. Lohnenswert!
ANZAHL ZIMMER: 180.
ZIMMERPREISE: 55 £ - 75 £ / Dinner, Bed & Breakfast 65 £ - 85 £.
FÜR DEN GAST: «Bodysense Health & Leisure Club», Schwimmbad, Sauna, Dampfraum und Fitness-Raum.

NORDENGLAND FESTLAND

**THE INN AT WHITEWELL
FOREST OF BOWLAND
NEAR CLITHEROE, LANCASHIRE BB7 3AT
TEL: 01 200 448 222
FAX: 01 200 448 298**

ANREISE (AUTO): Von Clitheroe Richtung Norden oder von Settle Richtung Südwesten auf der B6478 bis Newton. Dort den Wegweisern über Dunsop Bridge nach Whitewell folgen.

HAUS AUS DER EPOCHE: 1380.

VOM HAUS: Im 14. Jh. stand in Whitewell nur ein kleines Landgut neben einer kleinen Kirche am Ufer des Flusses Hodder. Es war das Heim von Walter Urswick, dem Förster des königlichen «Forest of Bowland». Im 18. Jh. wurde das Waldhaus zu einem «Coaching Inn» für die Reisenden Richtung Schottland umgebaut. Richard Bowman, heutiger Besitzer des Inns, ist wie sein Name besagt, ein Nachfahre der Bogenschützen, die im Mittelalter ihre Bogen aus dem Holz des Bowland-Waldes schnitzten. Über die Jahre ausgebaut, wurde das Gasthaus zu einem vorzüglichen Hotel, das für seine erstklassige Küche bekannt ist. Die komfortabeln Gästezimmer, einige mit Blick auf den ländlichen Fluss, sind mit antiken Möbeln und Bildern und teilweise mit funktionierenden Kaminfeuern ausgestattet.

ÜBER SPEIS UND TRANK: Wahrscheinlich am Besten ist das Inn für seinen Whitewell Fischkuchen in der Bar bekannt: Pochierter Schellfisch an einer Rahmsauce mit Garnelen, gedeckt mit gratinierten Kartoffeln und auserlesenem Cheddar-Käse. Auch die anderen Gerichte in der Bar sind mit höchstens 8.50 £ sehr preiswert. Die gemeinsame Küche für Restaurant und Bar steht unter der Obhut von Chefköchin Jamie Cadman. Das à la

Carte Restaurant bietet ein festliches aber keinesfalls steifes Ambiente, indem der Gast die Anzahl Gänge bestimmt. Die teuerste Drei-Teller-Kombination mit Kaffee kommt auf 35 £, die günstigste auf 22 £ zu stehen.

ZUR UMGEBUNG: Die Gäste des Hauses haben die Möglichkeit, im hauseigenen Flussabschnitt zu fischen. Je nach Saison werden Lachse, Forellen oder Äschen gefangen. Auf einer Wanderung oder Tour durch die Wälder des «Forest of Bowland» wird man das Gefühl nicht los, dass einem gleich um die nächste Wegbiegung Robin Hood entgegenreitet. Durch diese urtümliche Gegend werden auch Pferdetrekkings angeboten. Wer einen Tagesausflug unternehmen möchte, kann im Inn ein Lunchpaket bestellen. Die kleineren Städte Blackburn, Burnley, Preston und Lancaster sind ungefähr in 30 min erreichbar, während für Manchester, Liverpool und den «Lake District» eine Stunde Anfahrzeit gerechnet werden muss.

LEITUNG DES HAUSES: Familie Bowman.

GEÖFFNET: Ganzjährig.

KÜCHE: Traditionell-Englisch mit einer exzellenten Auswahl an internationalen Käsen.

ANZAHL ZIMMER: 17.

ZIMMERPREISE: 45 £ - 105 £. Kinder unter 12 Jahren 18 £, darüber 36 £.

FÜR DEN GAST: Kastrierte Haustiere und wohlerzogene Kinder sind willkommen.

**LANGLEY CASTLE
LANGLEY-ON-TYNE
HEXHAM, NORTHUMBERLAND, NE47 5LU
TEL: 01 434 688 888
FAX: 01 434 684 019**
E-Mail: manager@langleycastle.com
Internet: www.langleycastle.com

ANREISE (AUTO):   Von Newcastle A69 Richtung Westen, auf die A686 Richtung Alston. Nach etwa zwei Meilen sehen Sie rechter Hand die mittelalterliche Festung.

HAUS AUS DER EPOCHE: 1365.

VOM HAUS: Die befestigte Burg wurde 1365 unter der Herrschaft von König Edward III. erbaut um die plündernden Schotten und andere unwillkommene Gäste vom Leib zu halten. Doch bereits 50 Jahre später brannte die Burg vollständig aus und wurde zu einer unbewohnbaren Ruine ohne Dach – zum Glück, denn so stand die Burg 500 Jahre lang praktisch unberührt und die ursprüngliche mittelalterliche Architektur blieb erhalten. Als außergewöhnlich für ein solches Bauwerk gilt die große Anzahl an mittelalterlichen Latrinen, «Garderobes» genannt. In weiser Voraussicht wurde das Haus so gestaltet, dass eine stattliche Verteidigungsarmee beherbergt werden konnte. Ein weiteres Detail: Die Spiraltreppe windet sich linksdrehend im Turm nach oben. Ein erheblicher Vorteil für den von oben kommenden, rechtshändigen Schwertkämpfer im Verteidigungskampf.

ÜBER SPEIS UND TRANK: Andy Smith, seit sechs Jahren der ritterliche Chefkoch, setzt auf eine moderne englische Küche mit einem schottischen Touch. Wählen Sie als Vorspeise die exzellente Weinblattsalsa, ein würziges Lammrippchen an einer Rotweinsauce als Hauptgericht und als Nachtisch der Zartbittere Schokoladentrüffel, ein Gedicht! Dieses 4-Gang-Menü für 29.50 £ ist sehr preiswert. Ein Beweis für das gute Preis-Leistungsverhältnis ist die Tatsache, dass das Restaurant im mittelalterlichen Stil auch von einheimischen Besuchern geschätzt wird.

ZUR UMGEBUNG: Die Sehenswürdigkeit schlechthin ist die römische Grenzmauer «Hadrian's-Wall». Das bedeutendste römische Bauwerk in England erstreckte sich über 117 km von der Irischen See bis nach Wallsend nahe der Nordsee. Noch heute ist die knapp 3 m dicke und ursprünglich 6 m hohe Mauer über weite Strecken gut erhalten. Am besten lässt sich das Monument auf Schusters Rappen entdecken. Die Wanderwege sind sehr gut ausgebaut und beschildert.

LEITUNG DES HAUSES: Anton Philips.

GEÖFFNET: Ganzjährig.

KÜCHE: Englisch mit einem schottischen Touch.

ANZAHL ZIMMER: 8 in der Burg und 10 in der «Castle View Lodge».

ZIMMERPREISE: 53 £ - 160 £. Verschiedene Spezialangebote.

FÜR DEN GAST: Helikopterrundflüge für 300 £, Heißluftballonfahrt für 150 £, Tontauben- und Bogenschiessen, organisierte Fasanjagden, Reiten und Fischen.

NORDENGLAND FESTLAND

**THE LANGSTRATH
STONETHWAITE, BORROWDALE
KESWICK, CUMBRIA, CA12 5XG
TEL: 017687 77239
FAX: 017687 77015**
Internet: www.thelangstrath.com

ANREISE (AUTO): Von Keswick über B5289 ins Borrowdale. Nach 11 km, zuhinterst im Tal, nach Stonethwaite abzweigen. Von Cockermouth aus über Buttermere und Honister Pass.
HAUS AUS DER EPOCHE: 1590.
VOM HAUS: „Der schwarze Holzbalken in der weissgetünchten Mauer, der zirka 1.20 m über dem Fußboden des ehemaligen Wohnhauses verläuft, war vor 400 Jahren Teil des Türrahmens," erklärt Gastgeber Gary MacRae. „Damals waren die Bewohner noch wesentlich kleiner gewachsen." Heute ist der Langstrath ein Gasthaus, wo Wanderer zu Speis und Trank einkehren und übernachten können. „Wir möchten unseren Gästen die uns von den Schweizer Alpen bekannte «Après-Ski»-Ambiente geben." Mit etwas Glück treffen wir am Abend einheimische «Charakter», die mit ihrem eigenen Humor Geschichten erzählen. Nebst der gemütlichen «Public Bar» mit dem Kaminfeuer und alten Bergsteigerrequisiten gibt es auch einen kleinen, «Dove Cottage» genannten Essraum. In der «Residence Lounge» kön-

nen wir neben der alten Standuhr im Sofa versinken und durchs Panoramafenster die Bergwelt bestaunen.

ÜBER SPEIS UND TRANK: Chef Donna legt Wert auf eine saisonale Küche unter Verwendung lokal produzierter Zutaten. Auf der täglich wechselnden Speisekarte finden wir Gerichte wie u.a. «Fresh Borrowdale Trout» oder «Roast minted Lamb Henry».

ZUR UMGEBUNG: Das Tal inmitten des «Lake District National Park» ist Ausgangspunkt für Wanderungen und Kletterpartien. Beliebt sind Tagestouren zum «Scafell Pike» (978 M), zu den «Napes Niddle» oder über den «Stake Pass» nach Ambleside. Lange bevor die Gegend von Bergsportlern entdeckt wurde, war Borrowdale durch die Graphit-Minen weltbekannt. Im nahen Keswick finden wir das «Cumberland Pencil Museum» - www.pencils.co.uk - wo der Besucher in die Geschichte der Farb- und Bleistifte eingeführt wird. Faszinierend ist der für die Piloten der Royal Air Force hergestellte Bleistift mit Mini-Kompass und eingerollter Landkarte.

LEITUNG DES HAUSES: Donna und Gary MacRae.

GEÖFFNET: Ganzjährig. Geschlossen 24. bis 26. Dezember und Silvester/Neujahr.

KÜCHE: Frisch zubereitete Pub-Gerichte. «Cumberland home made cooking».

ANZAHL ZIMMER: 10.

ZIMMERPREISE: 32 £ / Dinner, Bed & Breakfast 46 £.

FÜR DEN GAST: «Residence Lounge», «Public Bar» mit Jennings Ales aus Cockermouth und ca. 40 Malts.

THE LOG HOUSE
LAKE ROAD
AMBLESIDE, CUMBRIA, LA22 ODN
TEL: 01539 431 077
Internet: www.loghouse.co.uk

ANREISE (AUTO): Auf der Nord-Süd-Achse A591 Kendal-Windermere-Keswick. Oder von Penrith-Ullswater über den Kirkstone Pass und von Südwesten (Coniston Water).
HAUS AUS DER EPOCHE: 1894.
VOM HAUS: „Der bekannte Kunstmaler Alfred Heaton Cooper lebte für einige Jahre in Norwegen. Zusammen mit seiner norwegischen Frau kam er 1894 in den «Lake District» zurück," erzählt Steve Edmondson, der zusammen mit seinem Sohn Craig das verspielte Haus führt. „Und so kam es auch, dass norwegische Blockhaus in England wieder aufgebaut wurde." Unscheinbar an der Hauptstrasse gelegen, eröffnet sich dem Gast beim Eintreten die Atmosphäre eines «Bistro». Im dahinter liegenden Esssteil kann, umrahmt von Plastiken von Rebecca Heaton Cooper – der Enkelin von Alfred – stilvoll getafelt werden.
ÜBER SPEIS UND TRANK: Die leichte Saison-Küche mit ihrem französischen Einschlag, das hausgemachte Brot sowie auch die Eisspezialitäten passen perfekt zum Ambiente des Hauses. Fischspezialitäten, gegrillte Steaks, Chicken Saltimbocca – je

nach Marktangebot – finden wir auf der wechselnden Karte. Besonders beliebt ist das 3-gängige «Table d'hôte Menu» zu 19.95 £. Nach einem Geisskäse-Soufflé, einem gegrillten schottischen Wildlachs-Steak auf Pilzbett, begleitet von Kartoffeln und Blattspinat könnte das Dessert z.B. ein hausgemachtes Eis sein. Auf der Weinkarte finden wir über 60 verschiedene Weine, viele aus Frankreich und Spanien.

ZUR UMGEBUNG: Ambleside liegt am «Lake Windermere», innmitten einer besonders reizvollen Landschaft. Alfred Heaton Cooper hat die Gegend mit den Seen, den Bergen und den wilden Pässen in seinen Aquarellen verewigt. Seine Werke wie auch diejenigen seines Sohns William können im rund 5 km entfernten Grasmere im «The Heaton Cooper Studio» (www.heatoncooper.co.uk) bewundert und auch gekauft werden. Besonders schön ist es in Ambleside in der Nebensaison, wo die historischen Gebäude wie z.B. das über dem Fluss stehende «Old Bridge House» oder das «Old Stamp House» zu einem Besuch einladen.

LEITUNG DES HAUSES: Steve Edmondson.
GEÖFFNET: Ganzjährig.
KÜCHE: Französisch-saisonal. Grosse Weinkarte.
ANZAHL ZIMMER: 3.
ZIMMERPREISE: 45 £ - 60 £ / Dinner, Bed & Breakfast 90 £ - 110 £.
FÜR DEN GAST: Postkutsche für Hochzeitspaare, offeriert vom Haus!

THE LORD CREWE ARMS HOTEL
BLANCHLAND
NEAR CONSETT, COUNTY DURHAM, DH8 9SP
TEL: 01434 675 251
FAX: 01434 675 337

E-Mail: lord@crewearms.freeserve.co.uk
Internet: www.lordcrewehotel.com

ANREISE (AUTO):   Von Newcastle A69 Richtung Carlisle. Nach 10 Meilen auf die A68, nach weiteren 8 Meilen auf die B6278. In Edmundbyers rechts auf die B6306, nach Blanchland.

HAUS AUS DER EPOCHE: Die ältesten Mauern aus dem Jahr 1165.

VOM HAUS: Im 12. Jh. zogen Prämonstratenser-Mönche, welche sich zu jener Zeit rasch ausbreiteten, von der Abtei Croxton in Leicestershire durch das abgelegene Derwent-Tal. Sie erhielten Land vom ansässigen Baron von Bolbec und erbauten ein Kloster, das sie Blanchland nannten. Der Name bedeutet „weißes Land" und kommt daher, dass die Mönche eine weiße Ordenstracht trugen. Ursprünglich war das Haus das Logis des Abtes, doch nach der Auflösung der Abtei ging es in den Besitz von Lord Crewe, dem Bischof von Durham, über. Der Raum, der damals seine private Kappelle war, ist nun die «Crypt Bar» und dient als Lounge für die Hotelgäste. Fast labyrinthartig und durch mehrere knarrende Holztüren mit schweren Eisenbeschlägen geht's zur Hotelbar, die mit ihrer gewölbten Steindecke an ein Verlies erinnert. Der Speisesaal im ersten Stock ist mit zwei Kaminfeuern ausgestattet und stammt aus dem 18. Jh. als das Haus erstmals als Hotel eingerichtet wurde.

NORDENGLAND FEST..

ÜBER SPEIS UND TRANK: Der aus London stammende Küchenchef Ian Press weiß, was es für eine gutbürgerliche Mahlzeit braucht. Hat er doch als begeisterter Wanderer einen Wanderführer über die Region Blanchland geschrieben. Für den kleinen Hunger über Mittag oder für einen Drink am Nachmittag lädt der Klostergarten hinter dem Hotel ein.

ZUR UMGEBUNG: Wenn man von Edmundbyers dem Derwent-Tal entlangfährt, wird die Gegend immer wilder, und man hat das Gefühl die Strasse sei endlos. Bei den meisten englischen Ortschaften sind die Häuser entlang einer Strasse oder um einen Park verteilt. Blanchland ist anders. Die Häuser sind um einen Platz in L-Form angeordnet mit einem Dorfbrunnen in der Mitte und einem imposanten Torbogen am nördlichen Ende. Eine mediterrane Erscheinung. Ein italienisches Dorf vom Mittelmeer hier in Northumberland?! Trotz der Abgeschiedenheit ist Blanchland nicht unbekannt. 1996 drehte hier der englische Regisseur Michael Winterbottom das Drama «Jude» mit Kate Winslet. Außerdem wurden vier Verfilmungen der Autorin Catherine Cookson in dieser Gegend gedreht.

LEITUNG DES HAUSES: Peter Gingell und Alexander Todd.
GEÖFFNET: Ganzjährig.
KÜCHE: Traditionell-Englisch. Sandwichs um die Mittagszeit.
ANZAHL ZIMMER: 21, davon 4 Familienzimmer. Haustiere sind willkommen.
ZIMMERPREISE: 40 £ - 55 £. Ermäßigung ab zwei Nächten. Kinder unter 14 Jahren, die im Zimmer der Eltern übernachten, sind gratis.
FÜR DEN GAST: Willkommenstrunk.

LYNEBANK HOUSE
WESTLINTON
CARLISLE, CUMBRIA, CA6 6AA
TEL: 01288 792 820
FAX: 01288 792 716

E-Mail: info@lynebank.co.uk
Internet: www.lynebank.co.uk

ANREISE (AUTO): Nördlich von Carlisle an der Landstrasse A7. Großer Parkplatz.

HAUS AUS DER EPOCHE: 17. Jh.

VOM HAUS: Das an der Landstrasse Carlisle-Longtown-Galashiels-Edinburgh gelegene Gasthaus wurde ursprünglich als Coaching Inn errichtet," mag sich Donald Todhunter erinnern. „Später wurde daraus ein Wohnhaus und bis in die 1980er Jahre war im Hof und in den ehemaligen Stallungen eine Fuhrhalterei mit Lastwagen untergebracht." Geblieben ist von der Zeit als Privathaus die einladend-unkomplizierte Atmosphäre eines englischen Wohnzimmers, welche den Gast beim Eintreten empfängt. „Am Sonntag kommen viele wegen des traditionellen «Carvery» zu uns," bemerkt Ducan mit Stolz. Auch sind die 12 Gästezimmern bei Tourenfahrern beliebt. „Für Motor- und Radfahrer bieten wir nebst einem geschützten Einstellplatz auch einen Waschservice für Kleider an," betont Julian Armitage.

ÜBER SPEIS UND TRANK: Fischspezialitäten, gegrillte Steaks, Poulet und Vegetarische Spezialitäten - je nach Marktangebot – finden wir auf der täglich wechselnden Karte. Die Preise liegen zwischen 7 £ und 12 £, am Sonntag wird «Sunday Carvery» mit zwei«Roasts» und Gemüsebuffet à discrétion zu 6.50 £ serviert. Das griechische Pilzragout mit Tomaten an einer Weißwein-

NORDENGLAND FESTLAND

Knoblauch-Rahmsauce (2.95 £) ebenso wie der nachfolgende marinierte Lamm-Spiess, begleitet von Reis und einer Gemüseplatte (9.95 £) begeistert den Gast. Neben der gepflegten Weinkarte mit moderaten Preisen finden wir auch eine Auswahl an «Bin Ends» zu 9.50 £. Tagsüber gibt es ein «All Day Breakfast» ebenso wie «Jacked Potatoes» und Spaghetti Bolognese.

ZUR UMGEBUNG: Nur rund 10 km von Westlington entfernt treffen wir auf die Grenze zwischen England und Schottland. „Seit 1753 ist das Nachbardorf Gretna Green bekannt für Hochzeiten," erklärt Duncan. „In Schottland können 16-Jährige offiziell den Bund der Ehe schließen." In der Gegend von Westlington münden die beiden fischreichen «River Esk» und «River Eden» in den «Solway Firth», welcher mit seinem Wattenmeer ein Vogelparadies ist. Hier war es auch, wo vor fast 1900 Jahren der «Hadrian's Wall» (www.hadrians-wall.org) die nordwestlichste Ecke der römischen Provinz «Britannia» markierte.

LEITUNG DES HAUSES: Duncan Todhunter und Julian Armitage.
GEÖFFNET: Ganzjährig.
KÜCHE: Britisch-saisonal mit internationalen Akzenten. Alles ist hausgemacht.
ANZAHL ZIMMER: 12.
ZIMMERPREISE: 22.50 £ bis 29.50 £ / Dinner, Bed & Breakfast 35 £ bis 42 £.
FÜR DEN GAST: Gartenwirtschaft im Sommer. Gemütliche Stube mit TV. Über-Nacht-Wäsche-Service. Eingerichtet für Nachtfischer (Lachsfang im River Esk).

NORDENGLAND FESTLAND

MIDDLETHORPE HALL
BISHOPTHORPE ROAD
YORK, NORTH YORKSHIRE, YO23 2GB
TEL: 01904 641 241
FAX: 01904 620 176
E-Mail: info@middlethorpe.com
Internet: www.middlethorpe.com

ANREISE (AUTO):   Von Kingston-upon-Hull A63 nach Selby, dann A19 bis vor York. Etwas versteckt an der A64 gelegen. Beschilderung beachten.

HAUS AUS DER EPOCHE: 1701.

VOM HAUS: Middlethorpe Hall mit seinen markanten, roten Ziegelsteinmauern wurde zwischen 1699 und 1701 für den wohlhabenden Silberschmid Thomas Barlow als Landsitz erbaut. Betrachtet man das Haus aus der großzügigen, südseitig angelegten Parkanlage, so fällt der dreiteilige Baukörper auf: Im Zentrum der dreigeschossige Teil mit dem Eingang, seitlich die ums Jahr 1750 angebauten eingeschossigen Flügel, von denen einer den «Ballroom», den heutigen Salon beherbergt. „Unsere Gäste kommen wegen der authentischen Atmosphäre und der Ruhe des Hauses. Wir schätzen es, wenn in den öffentlichen Räumen Computer und Mobiltelefone stumm bleiben," erklärt Gastgeber Milton Hussey.

ÜBER SPEIS UND TRANK: Die Küche unter der Leitung von Martin Barker ist eine harmonische Mischung aus britischen, französischen und italienischen Spezialitäten. Täglich wechselt die Karte, am Mittag gibt es einen zweigängigen «Lunch» zu 16.50 £, am Abend wird das «Dinner» bei Kerzenlicht am Kaminfeuer serviert. Für jeden Gang stehen fünf bis sechs Speisen

NORDENGLAND FESTLAND

zur Auswahl. Für fleischlos genießende Gäste gibt es ein komplettes Vegetariermenü. Lecker geht es auch bei den «Puddings» zu, wie die Engländer das Dessert nennen. Das Haselnuss-Parfait, umgeben von gerösteten Feigen, Pralinen und Himbeeren, bleibt uns noch lange in guter Erinnerung.

ZUR UMGEBUNG: In Middlethorpe Hall beginnt die reizvolle Umgebung ummittelbar beim Haus: Einerseits lädt der Park mit dem kleinen See und den alten Bäumen zu einem Spaziergang ein und andererseits macht das Häuschen neben dem Hauptgebäude mit dem Messingschild «SPA» neugierig. Öffnet man die Türe, so kommt eine wohltemperierte Badeanlage zum Vorschein. Middlethorpe Hall liegt nur 3 km vom historischen York entfernt. Bekannt sind «York Minster», die größte gotische Kathedrale nördlich der Alpen, das «York Castle Museum» mit seinen viktorianischen und edwardianischen Straßenszenen wie auch das lebendige «National Railway Museum». Rund um den Stadtkern verläuft die weitgehend intakte und auch begehbare Stadtmauer mit ihren vier Toren. Besonders eindrucksvoll ist der etwa eine Stunde dauernde Rundgang am frühen Morgen.

LEITUNG DES HAUSES: Milton Hussey.

GEÖFFNET: Ganzjährig.

KÜCHE: Das Beste aus England, Frankreich und Italien. Grosse Weinkarte.

ANZAHL ZIMMER: 30.

ZIMMERPREISE: 65 £ - 115 £.

FÜR DEN GAST: Im SPA-Gartenhaus: Schwimmbad, Sauna, Whirlpool, Massagen, Maniküre und «Beauty Treatments».

NORDENGLAND FESTLAND

**NUNS COTTAGE
5 HURGILL ROAD
RICHMOND, NORTH YORKSHIRE, DL10 4AR
TEL: 01748 822 809**
E-Mail: nunscottage@richmond.org.uk
Internet: www.richmond.org.uk/business/nunscottage

ANREISE (AUTO):   Von der A1 London-Edinburgh in Catterick abbiegen. Auf der B6271 erreichen Sie Richmond. Grosser, öffentlicher Parkplatz unmittelbar bei Nuns Cottage.
HAUS AUS DER EPOCHE: 1790.
VOM HAUS: Viel aus der Geschichte des Hauses ist nicht überliefert, wurde es doch während rund 200 Jahren als Wohngebäude von Arbeiter-Familien der ehemaligen Eisengiesserei genutzt. Einzig der Umstand, dass es ursprünglich drei zusammengebaute Häuschen waren ist bekannt. Seinen Namen erhielt das Gasthaus von der «Nunnery», dem Frauenkloster, welches sich in unmittelbarer Nachbarschaft auf dem Gelände des heutigen «Cricket Ground» befand.
ÜBER SPEIS UND TRANK: Das Wasser im Munde läuft dem Gast schon am Abend vor dem «English Breakfast» zusammen. Wir wählten «Salmon&Scrambled Egg», dazu gab es Yoghurt, Susans selbstgemachte Orangen-Marmelade, frischgebackene Pariser Gipfel und diverse Frühstückgetreide mit eingemachten Früchten zur Auswahl. Auf Vorbestellung gibt es auch ein Abendessen aus Susans Saisonküche.
ZUR UMGEBUNG: Bei der Fahrt nach Richmond überwältigt der Anblick der auf einem Hügel gebauten Kleinstadt mit ihrem Schloss. Viele Straßennamen wie «Frenchgate» und «Maison Dieu» zeugen vom französischen Einfluss. Im historischen Zen-

NORDENGLAND FESTLAND

trum der heutigen «Georgian Town» finden wir einen großen Marktplatz (Wochenmarkt am Samstag) mit Kopfsteinpflaster, der von vielen kleinen Geschäften und einladenden Gaststätten umgeben ist. Wer die Erzählungen von James Herriot liebt, findet im lokalen Museum eine originalgetreue Nachbildung seiner Tierarztpraxis. Fährt man Richtung Northallerton, so trifft man in Bromton-on-Swale auf die A1, Englands älteste Strasse. Beim Bau der Umfahrungsstrasse im Jahre 1959 kamen die Fundamente einer römischen Ortschaft zum Vorschein. Von Northallerton führt die A684 nach Osmotherley, wo wir auf die Ruinen des Kartauser Klosters aus dem 14. Jh. stoßen. Heute wird das Kulturgut mit den teilweise rekonstruierten Mönchszellen von English Heritage – www.english-heritage.org.uk – unterhalten und verwaltet. Fährt man von Richmond westwärts, so sind wir bald in den malerischen Tälern Swaledale und Wensleydale. In Masham treffen wir gleich zwei traditionelle Brauereien – Theakston Brewery www.theakstons.co.uk und Black Sheep Brewery www.blacksheep.co.uk. Beide pflegen das Handwerk und sind einen Besuch wert!

LEITUNG DES HAUSES: Susan Parks.
GEÖFFNET: Ganzjährig.
KÜCHE: Ein «Dinner» mit 3 Gängen gibt es nur auf Vorbestellung. Lohnenswert!
ANZAHL ZIMMER: 3 im Haus, «Studio Apartment» als Ferienwohnung.
ZIMMERPREISE: 25 £.
FÜR DEN GAST: Gemütliche Stube mit Holzofen, Garten.

THE OLD CHAPEL
CHAPEL STREET
ROBIN HOOD'S BAY, NORTH YORKSHIRE,
YO62 5BJ
TEL/FAX: 01947 881 174

E-Mail: amethystgateway@netscape.net

ANREISE (AUTO): Von Kingston-upon-Hull über Küstenstrasse A165 nach Scarborough und weiter auf A171 Richtung Whitby. Von Darlington über A171. Öffentlicher Parkplatz am Dorfrand.

HAUS AUS DER EPOCHE: 1779.

VOM HAUS: Am 2. Juni 1937 wurde in der Old Chapel das letzte Mal ein Gottesdienst abgehalten. Die Erosion der Steilküste war soweit fortgeschritten, dass die kleine Kirche ihrer Terrasse beraubt wurde. Danach wurde das Gebäude in eine Schule umgewandelt. Um mehr Nutzfläche zu erhalten, wurde ein Zwischenboden auf dem Niveau der ehemaligen Empore eingezogen. Seit 1997 ist die Old Chapel eine wohl einmalige Mischung aus Restaurant, Bistro und Buchantiquariat. Über dem Bistro mit Tausenden von Büchern gibt es im ersten Stock einen kleinen Saal, wo regelmäßig Konzerte mit klassischer Musik und Jazz stattfinden.

ÜBER SPEIS UND TRANK: Vegetarische Küche, deren guter Ruf längst über die Region hinaus verbreitet ist. Nachmittags trifft man sich zum «Afternoon Tea» mit Sandwiches, großer Teeauswahl und spannendem Kuchenbuffet.

ZUR UMGEBUNG: Robin Hood's Bay und das rund 7 km entfernte Whitby sind zwei kleine Orte an der Nordsee, am Cleveland Way, dem Langstrecken-Wanderweg, der Saltburn

NORDENGLAND FESTLAND

mit Scarborough verbindet. Ebenso endet in Robin Hood's Bay der trans-penninische Weg aus St. Bees an der Westküste. Wer im verträumten Fischernest Robin Hood's Bay ankommt, schafft unmittelbar Kontakt zur Geschichte des Orts. Die (autofreie) Hauptgasse führt steil den Hang hinunter. Vorbei an mittelalterlichen Gebäuden mit kleinen Geschäften und Hafenkneipen gelangt man bis zum «Dock» genannten Platz. Bei Ebbe lädt der Sandstrand geradezu zu einem Spaziergang entlang den imposanten Klippen ein. Mit etwas Glück trifft man im Sommer auf einen geparkten «Ice Cream Van», eine der beliebten, typisch britischen Eisdielen mit den Massen eines Reisemobils. Geschichtlich wird der Ortsname erstmals 1536 in Briefen von Henry VIII erwähnt. Damals war der Fischerhafen von Robin Hood's Bay weit bedeutender als derjenige von Whitby.

LEITUNG DES HAUSES: Cara Ellis.
GEÖFFNET: Ganzjährig.
KÜCHE: Typisch britisch. Sandwichs und Kuchen.
ANZAHL ZIMMER: keine.
FÜR DEN GAST: Riesiges Bücher-Antiquariat, Büchersuchdienst.

PULLMAN DINING TRAIN
NORTH YORKSHIRE MOORS RAILWAY
PICKERING STATION
PICKERING, NORTH YORKSHIRE YO18 7AJ
TEL: 01 751 472 508
(SPRECHENDER FAHRPLAN: 01 751 473 535)

E-Mail: customerservices@nymr.fsnet.co.uk
Internet: www.northyorkshiremoorsrailway.com

ANREISE (AUTO):   Von York auf der A64 Richtung Norden. Bei Malton auf die A169 bis Pickering oder 15 Meilen später links nach Grosmont.

HAUS AUS DER EPOCHE: Die Eisenbahnlinie wurde erstmals im Jahr 1836 eröffnet. Museumsbahn seit 1973.

VOM HAUS: Die North Yorkshire Moors Railway ist eine der ältesten Eisenbahnlinien im Norden von England. 1831 wurde George Stephenson, der Vater aller Eisenbahnen, für die Planung «einer einfachen Eisenbahnlinie mit Pferdeantrieb» ins Landesinnere angefragt. Die Strecke nach Pickering gab dem Ingenieur einige konstruktive Knacknüsse auf. Alleine von Whitby nach Grosmont überquert die Linie neunmal den River Esk. Die größte Schwierigkeit stellte sich jedoch an der Steilstufe von Beck Hole nach Goathland, «Incline» genannt, wo es 140 m Höhendifferenz auf 1,35 km zu überwinden galt. Da die Steigung zu steil war für die Pferde, wurde eine Art Standseilbahn eingerichtet – mit zwei fahrenden Wassertanks als Gegengewicht. Nach ein paar tragischen Unfällen – zweimal riss das Hanfseil – wurde 1865 eine neue Linie gebaut, die fahrbar war für Dampflokomotiven.

ÜBER SPEIS UND TRANK: Das traditionelle Yorkshire Sonntagmittags-Menü im «Moorlander» beinhaltet 3 Gänge und kostet 30 £. Am Abend wird das «Evening Dining Menu» mit 4 Gängen für 40 £ serviert. An drei Samstagabenden im Jahr fährt der «Murder Mystery Pullman» für 55 £ inklusive Detektiv. Für alle Restaurant-Züge ist eine Buchung, mindestens zwei Wochen vor der Fahrt, unerlässlich!

ZUR UMGEBUNG: Kaum sind wir aus dem Tunnel bei Grosmont raus, wird zur Vorspeise eine Gemüsecrème serviert und die starke Dampflok beschleunigt auf Reisegeschwindigkeit. Am Fuß der Steilstufe probiere ich mir den Geruch vorzustellen, der wochenlang über der Gegend hing als hier im Jahr 1862 ein Wagen voller Heringe außer Kontrolle geriet und entgleiste. Als Hauptgang kommt gebratene Pouletbrust an einer Brotsauce mit frischem Saisongemüse und Kartoffeln auf den Tisch. Die Schienen winden sich nun durch die von Gletschern geformte und mit Heidekraut übersäte Talmulde stetig bergab. Beim Nachschöpfen der Beilagen passieren wir soeben die Haltestelle Newton Dale. Satt lehne ich mich zurück und genieße das jetzt bewaldete Tal. Kurz vor der Einfahrt in die Station Pickering wird die Dessert-Bestellung aufgenommen. Der Rückweg ist für den heißen Apfelkuchen mit Vanillesauce und den Kaffee reserviert.

LEITUNG DES HAUSES: North Yorkshire Moors Railway.
GEÖFFNET: Siehe Fahrplan per Telefon oder auf www.northyorkshiremoorsrailway.com.
KÜCHE: Traditionelles Yorkshire Sonntagsmenü.
FÜR DEN GAST: Roter Teppich beim Einsteigen. Urtümliche Moorlandschaft.

THE QUEEN'S HEAD HOTEL
MAIN STREET
HAWKSHEAD, CUMBRIA, LA22 ONS
TEL: 015394 36271
FAX: 01683 36722

E-Mail: enquiries@queensheadhotel.co.uk
Internet: www.queensheadhotel.co.uk

ANREISE (AUTO): Sie haben drei Möglichkeiten: Von Osten über Windermere und Auto-Fähre über den Lake Windermere, von Norden über Ambleside, Low Wray und Outgate oder von Süden über «Coniston Water».

HAUS AUS DER EPOCHE: 1546.

VOM HAUS: Gebaut wurde das im Zentrum des Marktorts gelegene markante Fachwerk-Gebäude als einfache Herberge und Gasthaus für die Marktbesucher. „Damals blühte die Wollindustrie und die Hauptstrasse nach Ambleside war stark gegangen," mag sich Gastgeberin Kim Merrick errinnern. Heute ist das Haus mit Chef Martin Taylor überregional bekannt durch eine hochwertige Küche. „Wir haben einen guten Gäste-Mix mit Einheimischen, Engländern und Gästen aus Übersee," bemerkt Kim während wir neben dem wärmenden Kaminfeuer sitzen. Auf der Speisekarte stechen die «Herdwick Lamb Specials» ins Auge. „Diese robuste Lamm-Rasse hat im Lake District eine große Tradition."

ÜBER SPEIS UND TRANK: Am Nachmittag werden vor allem «Light Bites» (Snacks) und Salate serviert. Beliebt sind über Mittag die Senioren-2-Gang-Menüs zu 5.25 £. Am Abend gibt es die große Karte, wo wir zur Vorspeise Bio-Lachsmousse mit Tomaten- und Artischockensalat und zur Hauptspeise Lamm

«King Henri» an einer Rosemarie-Sauce entdeckten. Die Preise liegen bei max. 14 £ für den Hauptgang.

ZUR UMGEBUNG: Das Zentrum von Hawkshead liegt unmittelbar vor dem Hoteleingang. Beliebt ist der Ort wegen seines intakten Zentrums mit kleinen Geschäften wie z.B. dem «The National Trust Shop». Vom National Trust, der Heimat- und Naturschutzorganisation für England und Wales, wird auch die «Beatrix Potter Gallery» sowie «Hill Top», das Haus wo Beatrix Potter (1866-1943) lange Zeit lebte und wo Geschichten wie «The Tale of Peter Rabbit» entstanden. Beatrix Potter wuchs in London auf, verliebte sich jedoch schon bald in den Lake District, wo sie als Schriftstellerin und als Bäuerin arbeitete. Ihre umfangreichen Güter schenkte sie nach ihrem Tod dem National Trust. Eine Besonderheit ist der 1859 erbaute Schrauben-Dampfer auf dem «Coniston Water», welcher uns mit seinem authentischen Salon in viktorianische Zeiten zurückversetzt.

LEITUNG DES HAUSES: Kim und Tony Merrick.

GEÖFFNET: Ganzjährig.

KÜCHE: Englische Gerichte mit einem Akzent auf Lamm und Fisch und auf biologisch hergestellte Rohstoffe mit lokaler Herkunft.

ANZAHL ZIMMER: 14 im Hotel, «Cottage» für Wochenaufenthalter.

ZIMMERPREISE: 30 £ - 45 £ / Pauschalen für 3, 4, 5, 6 und 7 Nächte.

FÜR DEN GAST: Gemütliche «Lounge Bar» mit Eichendecke und alten Fotografien. Bierspezialitäten wie «Cumbria Way» (Sweet Bitter) «Frederics» (Strong Ale). «Snug» als separaten Nichtraucher-Raum. Gartenwirtschaft im Sommer.

NORDENGLAND FESTLAND

THE QUEEN'S HOTEL
MAIN STREET
ST. BEES, CUMBRIA, CA27 0DE
TEL / FAX: 01946 822 287

ANREISE (AUTO): Von Penrith A66 über Keswick und Cockermouth nach Whitehaven. Auf der B5345 nach St. Bees.
HAUS AUS DER EPOCHE: 17. Jh.
VOM HAUS: Das weißgetünchte, an der Hauptstrasse des kleinen Orts St. Bees gelegene Haus wurde vor über 300 Jahren als Bauernhaus gebaut. „Später wurde daraus ein Bäckerei," erinnert sich der heutige Besitzer und «Landlord» Geoff Steele. Wir betreten das Haus direkt von der Dorfstrasse her und gelangen in die Wirtschaft, wo Geoff hinter der Theke wirkt. Das Haus mit seinen markanten Eichenbalken wirkt als Taverne, wo unter den Gästen schon manche Geschichte erzählt wurde. So kommen jedes Jahr die Veteranen der «Mill Hill School» aus London hierher, die während des Zweiten Weltkriegs hier in St. Bees unterrichtet wurden. Die einfach aber gemütlich eingerichteten, in Pastellfarben gehaltenen Zimmer geben den Blick frei auf die Bucht und den Strand von St. Bees.
ÜBER SPEIS UND TRANK: «Simple but local» beschreibt Chefin Kay ihre Hausmanns-Kost. So werden die Pommes von Hand gemacht und die berühmten «Cumberland Sausage» werden vom königlichen Hoflieferanten Richard Woodall aus Waberthwaite geliefert. Auf der großen Speisekarte finden wir u.a. «Jacket Potatoes, ein «Chicken Curry» à 6.50 £ oder «T-Bone Steak à 11.50 £ ebenso wie ein Bananensplit zum Dessert. Grosse Offen- und Flaschenweinkarte.

NORDENGLAND FESTLAND

ZUR UMGEBUNG: Der kleine, friedlich daliegende Küstenort von St. Bees liegt in einer Bucht, die Richtung Norden in die Landzunge «St. Bees Head» übergeht. Hier laden einerseits der lange Sandstrand und die Vogelkolonien zu einem Spaziergang ein. Wandern wir der Küste nach, so treffen wir nach 5 km auf den Ort Whitehaven, früher bekannt als Umschlagplatz für Sklaven und Rum aus den britischen Kolonien in der Karibik. St. Bees ist in der britischen Gesellschaft vor allem bekannt durch seine «Grammar School», welche 1597 erstmals geschichtlich erwähnt wird. Bis ins 19. Jh. wurden Knaben aus der Umgebung unterrichtet, später entwickelte sich «St. Bees School» zu einer nationalen Eliteschule mit Schülern auch aus Übersee. Unter den ehemaligen Schülern befindet sich auch der weltbekannte Komödiant Mr. Beans; ob Ronald Atkinson schon während der Schulzeit seine Mitschüler zum Lachen brachte, darüber schweigen die Geschichtsbücher! Seit kurzem werden in den historischen Sandstein-Gemäuern auch Sprachkurse für Fremdsprachige angeboten. Nähere Infos unter www.st-bees-school.co.uk.
LEITUNG DES HAUSES: Kay und Geoff Steele.
GEÖFFNET: Ganzjährig, außer 25. Dezember.
KÜCHE: Gutbürgerliche und frisch zubereitete Pub-Gerichte.
ANZAHL ZIMMER: 15.
ZIMMERPREISE: 25 £ - 37.50 £.
FÜR DEN GAST: «Lounge Bar» mit abgetrenntem Speiseraum, im Sommer Wintergarten und Gartentische mit Blick aufs Meer.

NORDENGLAND FESTLAND

THE SALTERSGATE INN
SALTERSGATE
NEAR PICKERING, NORTH YORKSHIRE, YO18 7NS
TEL: 01751 460 237

ANREISE (AUTO): Von Kingston-upon-Hull über A63 und A19 nach York und dann auf die A64 und A169 nach Pickering. Von dort ca. 10 km quer durch die «North Yorkshire Moors» bis zur Geländestufe «Hole of Horcum».
HAUS AUS DER EPOCHE: 1760.
VOM HAUS: Das weißgetünchte Backsteingebäude wurde vor über 300 Jahren als Herberge gebaut. Im «Wagon and Horses» wie das Gasthaus damals genannt wurde, trafen sich Reisende wie auch Schmuggler. Noch heute ist Saltersgate ein Ort, wo nach dem Einbruch der Dunkelheit die absolute Ruhe über der Moorlandschaft einbricht. Wir betreten das Haus durch den straßenseitigen Windfang und gelangen in die Wirtschaft, wo Peter und Marie Sellers die Gäste umsorgen. „Vieles haben wir während unserer Frankreich-Jahre gelernt, deshalb wird bei uns den ganzen Tag frischer Kaffee serviert." Die Zimmer mit ihren rosa gestreiften Tapeten und den Fichtenmöbeln sind gemütlich.

NORDENGLAND FESTLAND

ÜBER SPEIS UND TRANK: Unkompliziert und trotzdem gut kann man hier speisen. Im hinteren Teil des Pubs gibt es ein Esszimmer, wo auch das legendäre Kaminfeuer brennt. Auf der Speisekarte finden wir u.a. «Battered Haddock, Chips and Peas» für 4.95 £, «Prime Sirloin Steak» für 7.95 £, selbstgemachte «Apple Pie» mit warmer «Custard»-Sauce für 2.50 £.
ZUR UMGEBUNG: Wer gerne wandert, geht zum nahegelegenen Hügel mit dem Namen «Whynny Nab», wo sich ein überwältigender Ausblick auf den Nationalpark eröffnet. Am Fuße der Anhöhe treffen wir auf den «Allerston Stone Circle». Da Wege in dieser Gegend kaum erkennbar sind, lohnt es sich, vor dem Abmarsch mit Roger zu sprechen und ihm eventuell eine mobile Telefonnummer zu hinterlassen! Der Hafenort Whitby ist 20 Autominuten von Saltersgate entfernt.
LEITUNG DES HAUSES: Marie und Roger Sellers.
GEÖFFNET: Ganzjährig.
KÜCHE: Gutbürgerliche und frisch zubereitete Pub-Gerichte.
ANZAHL ZIMMER: 6.
ZIMMERPREISE: 35 £ / Frühstück 5 £.
FÜR DEN GAST: «Public Bar» mit abgetrenntem Esszimmer, wo seit über 200 Jahren ein Torffeuer brennt. Drei Offenbiere «Joshua Tetley's Bitter» aus Leeds, «Theakston Old Peculier» und «Black Sheep Best Bitter» aus Masham.

NORDENGLAND FESTLAND

**SHARROW BAY
LAKE ULLSWATER
PENRITH, CUMBRIA, CA10 2LZ
TEL: 017684 86301 UND 86483
FAX: 017684 86349**
E-Mail: enquiries@sharrow-bay.com
Internet: www.sharrow-bay.com

ANREISE (AUTO):   Von Penrith A66 Richtung Keswick. Dann auf die A592 zum Lake Ullswater. Am Seeende nach Pooley Bridge, dann am Südufer entlang Richtung Howtown.
HAUS AUS DER EPOCHE: 1840.
VOM HAUS: „Sharrow" – wie das Haus von den Stammgästen genannt wird, war bis 1948 ein Privathaus an den Gestaden des malerischen «Lake Ullswater». 1949 eröffnete Francis Coulson das weltweit erste «Country House Hotel», damit wurde «Sharrow Bay» zum Inbegriff für erstklassige Hostellerie. Heute gilt das Haus unter den Liebhabern noch immer als die Nummer Eins im Vereinigten Königreich. Ab Anfang März ist es soweit, dass der ankommende Gast mit Herzlichkeit und dem feinen Duft eines Rosenbouquets empfangen werden kann. Während sich die vergnügte Gesellschaft in der «Hall Lounge» bei einem Glas Sherry unterhält, arbeitet Küchenchef Juan Martin auf Hochtouren in seiner Küche. Pünktlich um Acht werden die Gäste an die zehn runden Tische im Speisesaal gebeten, gespannt auf den bevorstehenden Abend.
ÜBER SPEIS UND TRANK: Nachmittags trifft man sich zum «Afternoon Tea» - eine Spezialität schon zu Zeiten von Francis Coulson und Brian Sark - oder Abends zum «Dinner», das für «Non-residence» etwa 50 £ kostet. Bei Kerzenlicht und an frisch

NORDENGLAND FESTLAND

polierten Rundtischen geht der Abend nach der Vorspeise harmonisch in den Hauptgang über, wo uns zum Beispiel «Breast of Gresslingham Duckling» an einer feinen Calvados-Sauce, begleitet von liebevoll präsentiertem Rotkraut und «Cider Potatoes» in Stimmung versetzt. Das mit britischem Understatement 5-Gang-Menü genannte Essen – eigentlich sind es sieben wenn man die Überraschungen noch dazuzählt – beenden wir mit einer Auswahl an Käsen aus England, Wales und Irland, begleitet von hausgemachten Biskuits und Käse-Walnuss Sablés.

ZUR UMGEBUNG: Der See mit seiner einmaligen Einbettung in die Berg- und Hügellandschaft des Lake District faszinierte nicht nur Maler und Naturliebhaber, sondern auch den bekannten Rennbootfahrer Donald Campbell. Am 23. Juli 1955 erreichte er auf dem Ullswater mit seiner Bluebird, einem Gasturbinen-Rennboot mit 4000 PS, den damaligen Weltrekord von über 320 km/h. Heute sehen wir auf dem Ullswater Lake nur noch Segelschiffe und die «Ullswater Steamers», welche ganzjährig zwischen Glenridding, Howtown und Pooley Bridge verkehren. Der See lädt im Sommer zum Baden ein und für die Gäste organisiert das Sharrow-Team auch gerne ein Segelboot.

LEITUNG DES HAUSES: Nigel Lightburn.
GEÖFFNET: Ganzjährig / geschlossen Januar und Februar.
KÜCHE: Alles ist hausgemacht!
ANZAHL ZIMMER: Total 26, in fünf einzelstehenden Gebäuden im Park.
ZIMMERPREISE: ab 160 £ für Dinner, Bed & Breakfast.
FÜR DEN GAST: «Lakeland Tours» mit Privatchauffeur.

NORDENGLAND FESTLAND

**THE SPORTSMAN'S INN
COWGILL
DENT, CUMBRIA, LA10 5RG
TEL: 01539 625 282**
E-Mail: info@thesportsmansinn.com
Internet: www.thesportsmansinn.com

ANREISE (AUTO): Ausfahrt Nr. 37 der M6, dann auf der A684 Richtung Sedbergh, dort den Wegweisern folgend nach Dent, beim George and Dragon Pub links, dem Bach folgend steht das Haus zu Ihrer Rechten.

HAUS AUS DER EPOCHE: 1675.

VOM HAUS: Der Name «Sportsman's Inn» ist nicht etwa von den Radfahrern und Motorradfreaks abgeleitet, die jedes Wochenende in der Gegend anzutreffen sind. Als das Haus noch im Besitz des Gutsherren von Dent war, nutzten es die Jagdgesellschaften als Unterkunft. Im nahen Gebiet des 736 m hohen Berges «Whernside» wurden vor allem Moorhühner und Fasane geschossen. Bevor hier jedoch Bier ausgeschenkt wurde, war es ein Viehbetrieb mit dem Namen «Cow Dub» – Kuh-Badewanne in Alt-Englisch. Unmittelbar vor dem Haus befindet sich die wannenartige Stelle im Fluss, wo man die Kühe gewaschen hat, bevor sie zum Kauf angeboten oder zur Schlachtbank geführt wurden. Ron Martin betreibt mit seiner Familie seit 15 Jahren «einer der letzten echten Landgasthöfe» wie er sagt. Das Haus steht seit ein paar Jahren unter Denkmalschutz.

ÜBER SPEIS UND TRANK: Die Spezialität von Ron sind «Cask Conditioned Real Ales» – echte Fassbiere, welche ihre Reife erst im Keller der Schänke erhalten. Angeliefert werden sie in großen weiten Fässern, um darin während einer zweiten Gärungsphase fertig fermentiert zu werden. Per Handpumpe kommt das Bier dann ins bekannte Pint-Glas. Erzeugnisse der Brauereien «Joshua Tetley» aus Leeds und «Black Sheep» aus Masham werden wöchentlich gebracht. Zusätzlich kauft Ron jede Woche ein Gastbier ein. Dazu kocht Sandra traditionelle Pub-Gerichte. Mit speziellem Augenmerk auf die vegetarische Kost, die fast 50 Prozent der verkauften Menüs ausmacht. Ebenfalls gibt's eine preiswerte Auswahl an Kindermenüs.

ZUR UMGEBUNG: Das Sportsman's Inn liegt als idealer Ort zum Übernachten am 84 km langen «Dales Way», einem Wanderweg, der von Ilkley nördlich von Leeds bis nach Bowness im «Lake District» führt. Ein paar Meilen entfernt findet der Wanderer Anschluss an den «Pennine Way» und den Weg über die drei 700 m hohen Gipfel Ingleborough, Whernside und Pen-y-Ghent. 30 min zu Fuß vom Gasthaus entfernt thront über dem Tal, auf 383 m, die einsame «Dent Station». Es ist der höchstgelegene Bahnhof einer noch in Betrieb stehenden Schnellzugstrecke in England. Weitere Attraktionen sind die berühmte Wensleydale Käserei in Hawes oder der Wasserfall-Fußweg in Ingleton.

LEITUNG DES HAUSES: Ron und Sandra Martin.
GEÖFFNET: Ganzjährig, außer am Weihnachtstag.
KÜCHE: Traditionelle Pub-Küche über Mittag und am Abend.
ANZAHL ZIMMER: 6.
ZIMMERPREISE: 23.50 £. Vier Nächte gibt's für den Preis von drei. Spezieller Winter-Rabatt. Hunde übernachten für 5 £.
FÜR DEN GAST: Die spektakuläre Leeds-Settle-Carlisle-Eisenbahn liegt in Fußdistanz.

NORDENGLAND FESTLAND

**THE STATION INN
THE RIBBLEHEAD VIADUCT
NEAR INGLETON, NORTH YORKSHIRE, LA6
3AS
TEL: 01 524 241 274**
E-Mail: enquiries@thestationinn.net
Internet: www.thestationinn.net

ANREISE (AUTO):   M6 Ausfahrt 36, dann auf der A65 bis Ingleton. Dort auf die B6255. Nach rund 10 km erreichen Sie das markante «Ribblehead Viadukt».
HAUS AUS DER EPOCHE: 1879.
VOM HAUS: 1879 wurde am Fuß des Ribblehead Viaduktes, dem Wahrzeichen der heutigen Leeds-Settle-Carlisle Eisenbahnlinie, das «Railway Inn» eröffnet. Obwohl seither bald 125 Jahre vergingen, blieb der ursprüngliche Tavernen-Charakter erhalten. Dieser Tradition fühlt sich auch die innovative Claire Wilkinson verpflichtet, welche das Gasthaus seit 2002 mitbesitzt. Die kleine, mit einem kräftigen Holzfeuer erwärmte Gaststube erlebt der durchnässte, frierende und hungrige Yorkshire-Dale-Wanderer wie ein Geschenk des Himmels. Während er sich an der deftigen Mahlzeit erfreut, schweift sein Blick über die Bilder an den Wänden, welche die abenteuerliche Geschichte vom Bau dieser kühnen Eisenbahnlinie erzählen. Nicht zu vergessen sind neben den kleinen aber gemütlichen Zimmern, die sehr günstigen Schlafplätze in den mit Kajütenbetten ausgestatteten Mehrbett-Zimmern im Haus nebenan. Dort verfügt jeder Raum über einen Gasherd, um kleine Mahlzeiten selbst zuzubereiten.

NORDENGLAND FESTLAND

ÜBER SPEIS UND TRANK: Claire Wilkinson und ihr Team setzen auf typische Kost aus den Yorkshire Dales. Die Spezialität des Hauses ist zweifelsohne der «Giant Yorkshire Pudding». Ein pastetenähnliches Gebäck aus Mehl, Eiern und Milch, das im Bratenfett gebacken wird. Schön aufgebläht wird es nach Belieben mit Roastbeef, Poulet oder Würstchen gefüllt. Weiter kann ich die Fleischkuchen, das Chili con Carne oder die vegetarische Lasagne empfehlen. Alle Gerichte sind selbstverständlich hausgemacht.

ZUR UMGEBUNG: Der Hauptgrund für eine Reise in dieses Hochtal inmitten der gebirgigen Yorkshire Dales ist für viele das 35 m hohe und 400 m lange Ribblehead-Viadukt der Settle-Carlisle Eisenbahnlinie. Ein brillantes Bauwerk der viktorianischen Ingenieure. Von den Zimmerfenstern im Station Inn blickt man über das weite Gebiet nahe dem Viadukt und muss sich vorstellen, dass hier im Jahr 1870 über 2000 Arbeiter lebten. Sie waren in schäbigen Barackendörfern mit Namen wie Sebastopol, Belgravia oder Jericho untergebracht. Der bodenlose Untergrund und das harte Klima setzten der Mannschaft schwer zu. 108 Männer starben beim Bau des Viadukts.

LEITUNG DES HAUSES: Claire Wilkinson.

GEÖFFNET: Ganzjährig, außer an Weihnachten.

KÜCHE: Traditionelle Pub-Gerichte. Täglich von 11 bis 23 Uhr.

ANZAHL ZIMMER: 5, plus 4 mit Kajütenbetten.

ZIMMERPREISE: 21.50 £ - 27 £ im Inn, 13.50 £ im Kajütenbett.

FÜR DEN GAST: Der Bahnhof «Ribblehead Station» ist zu Fuß in 5 min erreichbar.

NORDENGLAND FESTLAND

**THE STATION TAVERN
GROSMONT
WHITBY, NORTTH YORKSHIRE, YO22 5PA
TEL: 01947 895 060
FAX: 01683 221 524**
E-Mail: enquiries@tunnelinn.co.uk
Internet: www.tunnelinn.co.uk

ANREISE (AUTO): Von Kingston-upon-Hull A63 und A19 nach York, weiter über die A64 und A169 nach Pickering. Dann 20 km durch die «North Yorkshire Moors». Abzweigen nach Grosmont (33% Gefälle!). Parkplatz neben dem Haus.
HAUS AUS DER EPOCHE: 1836.
VOM HAUS: Eröffnet wurde das unmittelbar neben den Bahnhofs-Geleisen gelegene Gasthaus ein Jahr nach der Fertigstellung von George Stephenson's «Whitby to Pickering Railway», welche damals pferdegezogen war. «First train 8.6.1835» steht noch heute an der Tafel am Eingang des alten Tunnels, der sich wenige Schritte von der Station Tavern befindet. Das Gasthaus wurde im Jahr 2002 einladend frisch umgestaltet. Über eine knarrende Holztreppe gelangt man zu den im ersten Stockwerk liegenden Gästezimmern. Im Erdgeschoss finden wir die gemütliche «Public Bar» mit ihren kleinen Rundtischen und den roten Plüschsofas. Die Fenster des Eckraumes geben den

Blick frei auf die Station der «North Yorkshire Moor Railway». Die Station Tavern ist vor allem Treffpunkt für die Einheimischen.

ÜBER SPEIS UND TRANK: Während in der gemütlichen Bar vor allem Snacks gereicht werden, kann man im Speiseraum ab 19 Uhr die von Chef Peter zubereiteten 3-Gang-Menüs genießen. Ich versuchte eine gefüllte «Pickering Trout» für 7.50 £.
ZUR UMGEBUNG: Die meisten Besucher sind Eisenbahnliebhaber oder Besucher des «North Yorkshire Moor»-Nationalparks. Reizvoll ist der kleine Ort auch wegen seiner lieblichen-naiven Ausstrahlung, seinem «Tante Emma Laden», der «Grosmont Gallery» und dem «Grosmont Book Shop». In 10 Autominuten ist man in Goathland, wo der Film «Heartbeat» gedreht wurde. Ebenso ist der Hafenort Whitby nur 10 Minuten entfernt.
LEITUNG DES HAUSES: Joan und Peter Whitrick.
GEÖFFNET: Ganzjährig.
KÜCHE: Typische, gutbürgerliche Pub-Küche. Vom einfachen Sandwich über einen Crevettencocktail bis hin zu Beef Wellington und Sirloin Steak. Vorbestellung ist von Vorteil!
ANZAHL ZIMMER: 4.
ZIMMERPREISE: 20 £.
FÜR DEN GAST: «Public Bar» mit einer kleinen, aber feinen Malt Whisky-Auswahl. Offenbier «Camerons Ruby» aus Hartlepool mit Caramel- und Gewürzgeschmack.

NORDENGLAND FESTLAND

**TAN HILL INN
KELD
RICHMOND, NORTH YORKSHIRE, CA12 5XG
TEL: 01833 628 246**
Internet: www.tanhillinn.co.uk

ANREISE (AUTO): Tan Hill erreichen Sie am einfachsten von der A66 Penrith - Scotch Corner über Kirby Steven. Dort auf die B6270 nach Keld, dann 5 km nach Norden.

HAUS AUS DER EPOCHE: 1586.

VOM HAUS: Das Pub mit seiner markanten Steinfassade war ursprünglich eine Gaststätte für die Kuhtreiber, welche auf dem «Drover's Track» zwischen Schottland und Südengland unterwegs waren. „Später wurde etwas südlich des Tan Hill auch Kohle abgebaut," erklärt Alec beim Zeigen seiner alten schwarz-weiß Fotografien. Das Haus ist einladend und gemütlich eingerichtet. In der «Public Bar» zeugen Postkarten aus aller Welt von den vielen Freunden des Gasthauses. Die Zimmer sind einfach ausgestattet, und haben seit dem Umbau im Jahre 1990 sogar ihre eigene Dusche und ein separates WC. Ein Generator liefert Strom und die Telefonverbindung wird per Funk sichergestellt. Heute ist der Tan Hill ein Berghaus, wo Wanderer einkehren und sich Automobilisten wie auch Motorrad- und Radfahrer wohlfühlen.

ÜBER SPEIS UND TRANK: In ungezwungener Atmosphäre kann man im Tan Hill Inn preiswert und gut speisen. Auf der Speisekarte finden wir Klassiker wie «Giant Yorkshire Pudding filled with Gravy and Cumberland Sausage» für 4.95 £ oder ein frisch zubereitetes «Corned Beef Sandwich» für 2.25 £.

NORDENGLAND FESTLAND

ZUR UMGEBUNG: Ein unvergessliches Erlebnis ist es, den höchstgelegenen Pub Großbritanniens zu Fuß zu erreichen. Unsere Wanderung beginnt im Marktort Kirby Stephen. Nach dem sanften Aufstieg zu den «Nine Standards» (659 m) öffnet sich dem Wanderer eine weite Moorlandschaft, die einzig durch kleine Flüsschen - sie werden von den Einheimischen «Gill» genannt - durchbrochen wird. Nach etwa acht Stunden oder 20 km stehen Sie müde vor dem einsamen Pub wo Licht durch die kleinen Fenster scheint. Die Haustüre ist 365 Tage im Jahr geöffnet und ebenso lange brennt auch das wärmende Feuer in der Gaststube! Machmal kann es jedoch vorkommen, dass das Haus im Winter für mehrere Tage von der Aussenwelt abgeschnitten ist. „Unser Nachbar wohnt in einer Entfernung fünf Meilen," weiss Alec zu erzählen.

LEITUNG DES HAUSES: Alec und Margaret Baines.
GEÖFFNET: Ganzjährig.
KÜCHE: Frisch zubereitete Pub-Gerichte. «Cumberland home made cooking».
ANZAHL ZIMMER: 7.
ZIMMERPREISE: 32 £.
FÜR DEN GAST: «Public Bar» mit fünf Fassbieren: «Theakston» «Morland» und «Beamish». «Pool table» in separatem Raum. «Deepdale Off Road» zwischen Bowes (A66) und Tan Hill. (www.deepdaleoffroad.co.uk).

NORDENGLAND FESTLAND

**TUFTON ARMS HOTEL
MARKET SQUARE
APPLEBY-IN-WESTMORLAND, CUMBRIA
CA16 6XA
TEL: 01768 351 593
FAX: 01768 352 761**
E-Mail: info@tuftonarmshotel.co.uk
Internet: www.tuftonarmshotel.co.uk

ANREISE (AUTO):   Appleby liegt an der A66, östlich von Penrith. Die B6542 führt von der Schnellstrasse weg ins Zentrum. Die Gästeparkplätze befinden sich im Innenhof.
HAUS AUS DER EPOCHE: 1873.
VOM HAUS: Der Name gedenkt der Tufton Familie, die einst das Schloss am Ende der Hauptstrasse „Boroughgate" bewohnten. In der urgemütlichen viktorianischen Bar gegenüber der Rezeption fühlt man sich wie in einer Galerie, um 100 Jahre zurückversetzt. An den Wänden hängen ausdrucksstarke alte Schwarz-Weiß-Fotos von Einheimischen aus Appleby. Hier treffen sich sowohl die Handwerker, als auch die Parlamentarier nach der Arbeit zu einem Bier. Das Parlament tagt in dem kleinen Ratshaus «Moot Hall» vor dem Hotel. In den schlicht aber stilvoll eingerichteten Zimmern, kann man sich gut vorstellen, wie es war, als noch Hufgeklapper und der Knall von Kutschenpeitschen vom Dorfplatz durch die offenen Fenster drang. Die schönste und größte Suite ist der machtvollen Lady Ann Clifford gewidmet, die viel Gutes getan hat für die Armen in Appleby.
ÜBER SPEIS UND TRANK: Leichte Mahlzeiten wie ein Risotto, «Fish & Chips» oder Steak vom Grill gibt es in der Bar für 8 £ - 15 £. Festlicher diniert man im «Conservatory» Restaurant. Ein

3-Gang-Menü von Chef Shawn Atkinson für 24.50 £ kann so aussehen: Als Vorspeise mit Rahmkäse und Pesto gefüllte Rohschinkenrollen angerichtet mit einem frischen grünen Salat, zur Hauptspeise ein Lamm-Gigot an Cassissauce und zum Nachtisch eine hausgemachte Orangen-Eiscrème. Dazu schmeckt ein «Chardonnay Cloudy Bay» aus Neuseeland - der Kultwein schlechthin in England! Weitere 160 Flaschen stehen dem Gast zur Auswahl.

ZUR UMGEBUNG: Nur gerade zwei Meilen nördlich des Dorfes führt der 350 km lange «Pennine Way» vorbei. Ebenso liegt Appleby am «Pennine Cycleway», welcher zum britischen Radwegnetz gehört. Ein Highlight für alle Eisenbahnfreunde ist die 1876 eröffnete Eisenbahnlinie Leeds-Settle-Carlisle. Wer einen Stadtbummel vorzieht, kommt im Marktort Appleby voll auf die Kosten. In der St. Lawrence's Church, unmittelbar neben dem Hotel, steht die älteste noch funktionierende Orgel in England, deren einzelne Teile aus dem 16. Jh. stammen.

LEITUNG DES HAUSES: Die Familie Milsom.

GEÖFFNET: Ganzjährig, außer an Weihnachten und am Stephanstag.

KÜCHE: Traditionell-Britisch.

ANZAHL ZIMMER: Total 24. Fünf davon sind Einzelzimmer, drei davon Zimmer für Familien.

ZIMMERPREISE: 47.50 £ - 95 £ / Ab zwei Nächten Dinner, Bed&Breakfast 65 £ - 115 £.

FÜR DEN GAST: Waschservice. Fischen und Jagen.

NORDENGLAND FESTLAND

**UNDERSCAR MANOR
APPLETHWAITE
NEAR KESWICK, CUMBRIA, CA12 4PH
TEL: 017687 75000
FAX: 017687 74904**

ANREISE (AUTO):   Von Penrith auf der A66 30 km westwärts Richtung Keswick-Workington. Beim Kreisel am «Keswick-Bypass» auf die A591 Richtung Carlisle, dort der Beschilderung folgen.

HAUS AUS DER EPOCHE: 1856-1860.

VOM HAUS: Underscar Manor wurde vom wohlhabenden Kaufmann William Oxley aus Liverpool als Zweitresidenz im malerischen Lake District erbaut. Als Oxley das notwendige Land an den nach Süden orientierten Abhängen des Berges «Skiddaw» im Jahre 1856 kaufte, wurde auch die Eisenbahnlinie nach Keswick eröffnet. „Mit dem neuen Verkehrsmittel wurde der Lake District plötzlich für Ober- und Mittelschicht aus den englischen Industriezentren innert weniger Stunden erreichbar", erzählte Derek Harrison während wir gemütlich beim Apéro in der Lounge saßen. Im Hintergrund nahmen wir sanfte Musik war; am Hupfeld-Piano im blumengeschmückten Foyer spielten zu unserem Entzücken zwei Teddybären!

ÜBER SPEIS UND TRANK: Viele Einheimische kommen für einen speziellen Anlass und zu Familienfeiern wie z.B. Weihnachten hierher. Neben dem à-la-Carte-Menü, wo sechs Speisen (alle 21 £) zur Auswahl stehen, gibt es auch ein 6-gängiges Überraschungs-Menü zu 38 £. Als wir an jenem kalten Februartag im Underscar waren, gab es frische Pilz-Ravioli (10.50 £), ein butterzartes Thunfisch-Steak begleitet von Kartoffel-Ge-

NORDENGLAND FESTLAND

müse-Rösti, Spinat und Spargeln (21 £). Zum Dessert präsentierte Robert sein unwiderstehliches «Brioche», gefüllt mit heißer Schokolade und begleitet von Vanilleeis mit Honigüberzug, Bananenstücken und frischen Himbeeren (5 £).

ZUR UMGEBUNG: Vom Haus ist es rund 3 km nach Keswick. Der Marktort mit seinem autofreien Zentrum lädt tagsüber zum Bummeln. «Bryson's Tea Room» ist eine gute Adresse für einen verführerischen «Afternoon Tea». Gegen Ende der verwinkelten «Borrowdale Road» treffen wir auf das markante Haus von «George Fisher», welches ursprünglich dem berühmten Bergfotografen George Abraham als Studio diente. Bergbegeisterte aus dem Ausland können im heutigen Sportgeschäft kostenlos ihre Wanderausrüstung ausleihen. So nahmen wir seine Einladung an, um am folgenden Tag den 931 m hohen «Skiddaw», an dessen Südhang sich das «Underscar Manor» befindet, zu besteigen. Die Tagestour ist gut 12 km lang mit insgesamt 1000 Höhenmeter Aufstieg. Beim Abstieg über den «Little Man» (865 m.ü.M.) eröffnet sich ein traumhafter Ausblick auf die Bergwelt des Lake Distrikts, den Steinkreis von «Castlerigg» und «Derwentwater».

LEITUNG DES HAUSES: Pauline und Derek Harrison.
GEÖFFNET: Ganzjährig, außer drei Tage nach Neujahr.
KÜCHE: Britisch-französisch. Auch Mittagslunch. Weine vorwiegend aus Frankreich.
ANZAHL ZIMMER: Elf.
ZIMMERPREISE: 90 £ - 125 £ für Dinner, Bed & Breakfast.
FÜR DEN GAST: «Oxley's» mit Schwimmbad, Jacuzzi, Sauna, Fitnessraum und Bistro.

WALWORTH CASTLE
WALWORTH
DARLINGTON, CO. DURHAM, DL2 2LY
TEL: 01325 485 470
FAX: 01325 462 257

E-Mail: enquiries@walworthcastle.co.uk
Internet: www.walworthcastle.co.uk

ANREISE (AUTO): Vom Stadtzentrum Darlington ca. 4 Meilen auf der B6279 Richtung Middleton in Teesdale, dann dem Wegweiser folgen.

HAUS AUS DER EPOCHE: 1189.

VOM HAUS: Leicht versteckt hinter Waldstücken am Ende einer großen Viehweide erkennt der Besucher ein Schloss. Kommt er näher, baut sich das mittelalterliche Relikt trotzig vor ihm auf. Eine schnörkellose zweckmäßige Festung, mit runden kahlen Türmen und viereckigen Fenstern. Einzig die bunten Fahnen obendrauf scheinen einladend zu winken. Sobald man jedoch eintritt, ist alles anders. Das Schloss, das Gilbert Hansard im Jahr 1189 baute, war eine befestigte Burg. Die Schiessscharten im Südwestturm erinnern noch heute an die Bogenschützen. Den Namen «Walworth Castle» erhielt das stolze Haus von Sir William Walworth, der um 1400 hier lebte. 1759 baute General Aylmer den Nordflügel neu und dekorierte die großzügigen Räume mit wunderschönem georgianischem Zierverputz, dem Allermodernsten zu jener Zeit.

ÜBER SPEIS UND TRANK: Das 3-Gang-Menü im à la Carte Restaurant «Hansards» ist für sehr preiswerte 17 £ zu haben. Die vier fixen Hauptgänge beinhalten entweder Lamm, Rind, Salm oder Ente. Als Alternative bietet Chef Steven Myers auch

NORDENGLAND FESTLAND

ein Menü für 24 £ an, welches mit einer größeren Auswahl und Vegetarier-Gerichten aufwartet. Gut isst es sich auch in der «Farmer's Bar», wo man z.B. für 7 £ ein Lamm-Steak mit Pommes und Salat bekommt. In der Bar werden auch die beliebten «Murder Mystery Weekends» abgehalten. Schauspieler mischen sich unter die Gäste und inszenieren einen Mord. Mit Hilfe der Gäste wird dann am zweiten Tag der Täter überführt. Für die Zukunft ist auch ein Dinner in mittelalterlichem Ambiente geplant.

ZUR UMGEBUNG: Das hübsche Stadtzentrum von Darlington ist in einer Viertelstunde mit dem Auto erreichbar. Erwähnenswert ist das Eisenbahnmuseum. Es liegt an der 1825 erbauten Strecke nach Stockton, der weltweit ersten Dampfeisenbahn, die Passagiere beförderte. Die Ausstellung, welche im ehemaligen Bahnhof und den Güterschuppen untergebracht ist, zeigt u.a. «Locomotion No. 1», die erste Lokomotive von George Stephenson. Die Nationalpärke «North York Moors» und «North Yorkshire Dales» oder die Stadt Newcastle sind etwa eine Autostunde entfernt.

LEITUNG DES HAUSES: Rachel and Chris Swain.
GEÖFFNET: Ganzjährig.
KÜCHE: Traditionell-Britisch und International.
ANZAHL ZIMMER: 34.
ZIMMERPREISE: 35 £ - 90 £ / 2 Nächte und ein 3-Gang-Menü 95 £ - 170 £.
FÜR DEN GAST: Bibliothek in einem runden Zimmer im Erdgeschoss des Südwestturmes. Aber Vorsicht, in der doppelten Mauer, in der eine schmale Wendeltreppe nach oben führt, wird ein Geist vermutet.

**WASDALE HEAD INN
WASDALE
NR. GOSFORTH, CUMBRIA, CA20 1EX
TEL: 019467 26229
FAX: 019467 26334**
E-Mail: wasdaleheadinn@msn.com
Internet: www.wasdale.com

ANREISE (AUTO):   Sie haben zwei Möglichkeiten: Über die A595/A590 über Whitehaven-Grange-over-Sands und in Gosforth ins Gebirge oder von Ambleside über die einspurige Wrynose- und Hardknott-Passroute. Achtung: Im Winter ist diese steile Gebirgsstrasse oft geschlossen.

HAUS AUS DER EPOCHE: 1850.

VOM HAUS: „Bevor das Haus im 19. Jh. zur Unterkunft für Berggänger wurde, diente es als Bauernhaus," erklärt Howard Christie. Es gilt als die Geburtsstätte der Kletterei im «Lake District». So erstaunt es nicht, dass wir beim Rundgang durch die Räume auf alte Fotografien der Abrahams aus Keswick stoßen. Über eine Treppe erreichen wir einen langgezogenen Flur, mit den Türen zu den 10 Gästezimmern. An den weißen Wänden können wir weitere historische Schwarz-Weiß-Aufnahmen vom Matterhorn und vom Gornergrat in Zermatt oder von der Tschiervahütte am Piz Bernina im Engadin bewundern. Mit ihrem hellen Fichtentäfelung erinnern die zeitgemäß eingerichteten Zimmer an ein Haus in den Schweizer Alpen. Sie sind gemütlich und haben alle ein Badezimmer.

ÜBER SPEIS UND TRANK: Dem Besucher stehen zwei Gaststuben zur Auswahl. Während man in der «Ritson's Bar» Gutbürgerliches bekommt, wird abends im «Abraham's Restaurant»

NORDENGLAND FESTLAND

an weißgedeckten Tischen gegessen. Chef Ewan Cunnings und Adam Naylor verführen uns hier mit einem täglich wechselnden 4-Gang-Menü (22 £). Gerichte wie Lamm mit frischen Pilzen oder Braten mit Couscous finden wir ebenso wie zum Dessert ein mit Rum verfeinertes «Pannacotta».

ZUR UMGEBUNG: Das Tal inmitten des «Lake District National Park» ist Ausgangspunkt für Wanderungen und Kletterpartien. Beliebt sind Tagestouren zum «Scafell Pike» (978 M), zu den «Napes Needle» oder auch Wanderungen ins nächste Tal Borrowdale, wo wir zuhinterst als erstes auf das Gasthaus «The Langstrath» stoßen. Gehen wir talabwärts, so liegt der See von «Wast Water» vor uns. Über die Häusergruppe von Santon Bridge erreichen wir nach 30 min Autofahrt die Schienen der «Ravenglass and Eskdale Railway» (www.ravenglass-railway.co.uk), welche mit ihren Miniaturdampflokomotiven in 40 min über die etwa 12 km lange Strecke fährt. Diese historische Bahn, welche 1875 für den Transport von Eisenerz gebaut wurde, ist vor allem bei Kindern sehr beliebt, ist doch das Rollmaterial kaum größer als die Passagiere!

LEITUNG DES HAUSES: Kate und Howard Christie.

GEÖFFNET: Ganzjährig. Geschlossen 24. - 26. Dezember und Silvester/Neujahr.

KÜCHE: Frisch zubereitete Pub-Gerichte. «Cumberland home made cooking».

ANZAHL ZIMMER: 10 im Hotel, 3 im Nebenhaus und 6 Ferienwohnungen.

ZIMMERPREISE: 45 £ - 50 £.

FÜR DEN GAST: «Abraham's Restaurant», «Residence Bar», eigene Hausbrauerei «Great Gable Brewing Co.» mit vier Bierspezialitäten.

**THE WILD BOAR
CROOK
NEAR WINDERMERE, CUMBRIA, LA23 3NF
TEL: 015394 452 25
FAX: 015395 424 98**
E-Mail: wildboar@elhmail.co.uk
Internet: www.elh.co.uk

ANREISE (AUTO):   Direkt an der Landstrasse B5284, die Kendal mit Windermere verbindet.
HAUS AUS DER EPOCHE: 1895.
VOM HAUS: „Das Gasthaus war ursprünglich eine Baumwollspinnerei," erinnert sich Keith Everson, welcher schon seit Jahren im Wild Boar arbeitet. „Das nahe Kendal war damals das Zentrum der Wollindustrie." Später wurde daraus, wie alte Fotografien im Haus bezeugen, das «Hutchinson's Wild Boar Inn». Den Namen erhielt die Wirtschaft vom letzten Wildschwein in England, welches laut der Legende von Sir Richard Gilpin vor dem Haus erlegt wurde. Beim Eintreten ins Haus begegnen wir noch heute einem alten Gusseisenofen. Dann erblicken wir im Restaurant den beleuchteten, teilweise mit Farnen bewachsenen Felsen, über dessen Oberfläche Wasser herunterkommt. Diese bei unseren Gästen beliebte Attraktion kam im Jahre 1965 dazu. Nebst dem eigentlichen Restaurantteil gibt auch eine

NORDENGLAND FESTLAND

gemütliche Sofa-Lounge, wo dem Gast nach dem Essen Kaffee und «After Dinner Mints» gereicht werden.

ÜBER SPEIS UND TRANK: Wildschweinwürste und –steaks sind eine Spezialität des Hauses. Auf der großen Speisekarte finden wir u.a. zur Vorspeise Pilzragout (4.75 £) oder Ententerrine (4.50 £), gefolgt von Lamm, Wild oder Rindfleisch. Die Karte bietet auch Hirschschnitzel an einer Johannisbeer-Orangen-Sauce (12.95 £). Überzeugt hat auch die Auswahl an 30 Offenweinen.

ZUR UMGEBUNG: Besonders reizvoll ist die Gegend im Herbst wenn die Sonne durch den verfärbten Laubwald scheint. Dann ist es ein besonderer Genuss, von Windermere aus über die hügelige Waldstrasse nach Crook zu fahren. Wer sich einmal in den Lake Distrikt verliebt hat, fährt auch im Winter gerne zum Wild Boar. Fährt man auf der B5284 Richtung Windermere, so kommt man zur Auto-Fähre, welche uns nach «Hill Top», dem ehemaligen Wohnhaus von Beatrix Potter, und weiter nach Hawkshead führt. Unsere kleine Tages-Rundfahrt bringt uns dann nach Ambleside, die Seeufer-Strasse nach Windermere und wieder zurück nach Crook.

LEITUNG DES HAUSES: Wayne Bartholomew
GEÖFFNET: Ganzjährig.
KÜCHE: Traditionell englisch.
ANZAHL ZIMMER: 36.
ZIMMERPREISE: 58 £ - 75 £. Ab 2 Nächten Dinner, Bed & Breakfast 69 £ - 90 £.
FÜR DEN GAST: «Lounge» mit Kaminfeuer im Haus, freie Benützung des Freizeitangebots (Sauna, Schwimmbad etc.) im «Low Wood Hotel» zwischen Ambleside und Windermere.

THE WINDMILL HOTEL
MILL STREET
VICTORIA ROAD
SCARBOROUGH, NORTH YORKSHIRE, YO11 1SZ
TEL: 01723 372 735
FAX: 01723 377 190

E-Mail: info@windmill-hotel.co.uk
Internet: www.windmill-hotel.co.uk

ANREISE (AUTO): Von Hull die A165 über Bridlington nach Scarborough. Beim Supermarkt «Safeway» im Zentrum in die Victoria Road. Die dritte Strasse links, an deren Ende die Windmühle steht.

HAUS AUS DER EPOCHE: 1784.

VOM HAUS: Wie eine stille Oase steht die alte Windmühle bescheiden und versteckt mitten im Stadtzentrum. Nachdem 1927 der Betrieb eingestellt wurde, war der Turm lange Zeit ein Lager für Agrarprodukte und später der Sitz eines Zeitungsverlegers. 1988 wurden die Gebäude, die mittlerweile unter Denkmalschutz gestellt wurden, zu einem Hotel umgebaut. Im Turm befinden sich heute zwei Ferienwohnungen mit rundem Grundriss. In der unteren findet eine Familie bequem Platz. Die obere ist für zwei Personen gedacht. Die komfortablen Gäste-

zimmer sind in den Nebengebäuden untergebracht. Im Erdgeschoss der Mühle befindet sich das Tea Room, in welchem auch das Frühstück serviert wird.
ÜBER SPEIS UND TRANK: Dem Gast wird ein ausgiebiges traditionelles englisches Frühstück serviert, jedoch keine warme Küche tagsüber oder am Abend. Doch das Zentrum der Stadt mit einer Vielzahl an Restaurants ist zu Fuß in 5 min erreichbar. Eine Liste mit einer guten Auswahl für jeden Geschmack und jede Preisklasse liegt in den Zimmern auf.
ZUR UMGEBUNG: Das viktorianische Seebad Scarborough ist eine hübsche Kleinstadt an der Nordsee mit zwei 18-Loch-Golfplätzen. Hierhin kommen die Besucher in erster Linie den langen Stränden wegen. Tolle Sandstrände finden wir ebenfalls im 15 km entfernten Filey. Spektakulär ist der «Cleveland Way», welcher den Klippen der Nordsee entlang ins historische Staithes führt. Im malerischen Fischerort stand seinerzeit die Wiege des berühmten Kapitäns James Cook. 30 km südwestlich von Scarborough befindet sich Schloss Howard. Die prachtvolle Anlage hat die Größe von Schloss Versailles bei Paris.
LEITUNG DES HAUSES: Angela und Roland Thompson.
GEÖFFNET: Ganzjährig.
KÜCHE: Traditionell-Englisch.
ANZAHL ZIMMER: 16, davon 2 für Familien / 2 Ferienwohnungen mit Küche.
ZIMMERPREISE: 24 £ - 32 £.
FÜR DEN GAST: Familienfreundliches Nichtraucher-Hotel. Spielzeugfiguren-Museum mit 3000 Objekten.

THE LINDISFARNE HOTEL
HOLY ISLAND
BERWICK-UPON-TWEED,
NORTHUMBERLAND, TD15 2SQ
TEL: 01289 389 273
FAX: 01289 389 284

Internet: www.lindisfarne.org.uk/lindisfarne

ANREISE (AUTO):   A1 London – Edinburgh, ca. 10 km südlich von Berwick. Nach dem Bahnübergang fällt die Strasse in etwa 2 km zum Meer ab. Bei Flut kann sie etwa fünf Stunden nicht befahren werden.

HAUS AUS DER EPOCHE: 1902.

VOM HAUS: Das Haus wurde ursprünglich von den Geschwistern Saunders als Sommerresidenz erbaut. Im Jahre 1915 war es dann als «Riley's Hotel» und ab 1930 als «Lindisfarne Hotel» bekannt. Im Erdgeschoss finden wir eine kleine aber umso gemütlichere Hausbar, wo uns Clive persönlich in seine Whisky-Sammlung einführt: „Oft ist unsere «Railway Bar» der einzige Ort, welcher Abends noch geöffnet ist", bemerkte Susan während wir an einem der 120 Malts nippen und mit Fischern neben dem Eisenbahn-Bild des «Flying Scotsman» plaudern.

ÜBER SPEIS UND TRANK: „Es ist für mich eine Ehre, dass ich für meine Gäste persönlich kochen darf," erklärt Susan. An den weiß gedeckten Tischen – umrahmt von keltischen Knotenbildern - geht der Abend nach der Vorspeise harmonisch in den Hauptgang über. Das gutbürgerliche Essen beenden wir mit Kaffee und den traditionellen, mit Dunkelschokolade überzogenen «Mint Cakes».

ZUR UMGEBUNG: Das Leben auf der «Holy Island» ist unzer-

NORDENGLAND INSELN

trennlich mit dem Meer verbunden. „Wer von der Flut überrascht wird, hat die Möglichkeit, auf einem der hölzernen Türme die Ebbe abzuwarten", bemerkte der «Post Master» in seinem kleinen Postbüro inmitten des Dorfs. Im Dorf gibt es eine Anzahl kleiner Geschäfte sowie ein «Heritage Centre». Es zeigt uns, wie der heilige St. Cuthbert im 7. Jh. auf seiner winzigen «St. Cuthbert's Isle» (im Süden der Hauptinsel) lebte und wie die Mönche im Jahre 875 mit seinen Gebeinen vor den einfallenden Vikingern flüchteten. Die Ruinen der Benediktiner-Abtei aus dem 11. Jh. sind noch heute zu besichtigen. Ebenso gibt es ein Schloss – ursprünglich ein Fort aus dem 16. Jh. Im Norden der Insel treffen wir auf einen langen Sandstrand, zusammen mit den grasbewachsenen Anhöhen, ein Paradies für Tierliebhaber.

LEITUNG DES HAUSES: Susan und Clive Massey.
GEÖFFNET: Ganzjährig.
KÜCHE: Wie zu Großmutters Zeiten!
ANZAHL ZIMMER: 12.
ZIMMERPREISE: 34.50 £ - 47 £ für Dinner, Bed & Breakfast.
FÜR DEN GAST: «Railway Bar» und «Ship Lounge». Zwei Familienzimmer. Im Sommer große Gartenwirtschaft mit Kinderspielplatz.

KLEINES WÖRTERBUCH

A
Afternoon Tea	Zwischenmahlzeit am Nachmittag: Tee, Sandwichs, Kuchen, Scones
All Day Breakfast	Frühstück, den ganzen Tag serviert
Apple Juice	Süssmost
Apple Tart	Apfelkuchen

B
Backed Beans	Weisse Bohnen an Tomatensauce
Batter	Teig
Black Pudding	Blutwurst, wird gebraten serviert
Boiled	gekocht
Bread roll	Brötchen

C
Cask Conditioned Ale	Echt britisches Bier, im Fass fertiggegoren
Cheese Cake	Quarkkuchen
Chestnut	Kastanie
Chips	Pommes Frites
Chuntney	Gewürz-Gemüse-Sauce, viele Varianten
Cider	vergorener Most
Coaching Inn	Postkutschenherberge
Cod	Dorsch, Kabeljau
Collops	Kleine Fisch- oder Fleischstücke
Collops of Beef	Rindfleisch-Kasserole, meist für die „Burns Night"
Cranachan	Schottische Dessert-Spezialität mit frischen Beeren, Honig, Vanille-Eis und gerösteten Brösel.
Cottage	Häuschen, Ferienhaus
Cucumber	Gurke
Cullen Skink	Fischsuppe
Cumberland- / Northumberland Sausage	würzige Bauernbratwurst

D
Duckling	Kleine Ente

E
Egg	Ei

F
Fish & Chips	frittierter Fisch (meistens Schellfisch oder Kabeljau) und Pommes Frites

KLEINES WÖRTERBUCH

Fried Egg	Spiegelei
Full English oder Scottish Breakfast	Meistens: Speck, Eier, Würstchen, Bohnen, gedämpfte Tomaten, Toast. Zusätzlich möglich: gegrillter «kipper», Pfannkuchen, «kedgeree», Blutwurst, warme Champignons. Dazu: Orangen- oder Grapefruitsaft, Schwarztee oder Kaffee, Yoghurt, Früchte, Toast und Konfitüre

G
Gammon	Vorderschinken
Ginger	Ingwer

H
Haddock	Schellfisch
Haggis	Schottische Spezialität: Feingehackte Leber, Innereien und Hafer mit Gewürzen in einem Schafsdarm gekocht.
Half Pint	kleines Glas offenes Bier (0.28 Liter)
Halibut	Heilbutt
Ham	Schinken
Honesty Bar	
Horseradish	Meerrettich

J
Jacked Potato	Grosse, geschwellte Kartoffel mit Füllung
Jam	Konfitüre
Juice	Saft

K
Kedgeree	gekochter Reis, Stücke hartgesottener Eier und Fisch, in der Bratpfanne geröstet
Kipper	geräucherter Hering

L
Lager	kontinentales, helles Bier
Lamb Chops	Lamm-Kotelett
Loin of Venison	Rehrücken
Loin Ribs	Rippchen

M
Mild	Süssliches Dunkelbier mit wenig Alkohol
Mint	Pfefferminze

N
Nutmeg	Muskatnuss

KLEINES WÖRTERBUCH

O
Oatcakes	Haferkeks

P
Pastry	Gebäck, Pastete
Peas	Erbsen
Pheasant	Fasan
Pie	Kuchen, kann süss oder salzig sein.
Pint	grosses Glas offenes Bier (0.57 Liter)
Ploughman's lunch	Kaltes Mittagsgericht bestehend aus Fleisch, Käse, Chutney, Salaten und Biskuits
Porridge	Haferbrei, meist zum Frühstück
Poached egg	pochiertes Ei
Prawn	Krewette
Pudding	Nachtisch, Dessert
Puffed	aufgebläht

Q
Quail	Wachtel

R
Roast	Braten
Roast Beef	Rindsbraten

S
Sage	Salbei
Salmon	Lachs
Sausage	Wurst
Scallops	Jakobsmuscheln
Scented	parfümiert
Scotch Broth	Suppeneintopf mit Lamm und Gemüsen
Scotch Egg	Fleischkugel mit hartgekochtem Ei in der Mitte
Scrambled Egg	Rührei
Sea Food	Meeresfrüchte
Shellfish	Schalentiere (Krevetten, Hummer, Krebse usw.)
Sirloin Steak	Filet, Lendenstück
Sole	Seezunge
Stovies	Gebratene Kartoffeln mit Fleisch, Zwiebeln und Käse
Soufflé	Auflauf
Steak Pie	Fleischkuchen
Sweet Trolley	Rolltisch mit Dessertauswahl
Swiss Roll	Roulade, verschiedene Füllungen

KLEINES WÖRTERBUCH

T
Toffee	Karamel
Trifle	Dessert, bestehend aus Kuchenstückchen, Gelée, Früchten, Vanillesauce und Rahm
Trout	Forelle
Turkey	Truthahn
Turnip	Rübe, in Südengland auch «Swede» genannt

U
Unsalted	ungesalzen

V
Veal	Kalbfleisch
Venison	Wild

W
Water	Wasser

Y
Yorkshire Pudding	aus den selben Zutaten gemacht wie ein Pfannkuchen, aber gebacken und viel luftiger (z.B. als Beilage zu Rindfleisch)

MASSE

acre	1 acre = 4047m^2 / 1 ha ≈ 2.5acres
foot	1 foot = 30.48 Zentimeter
mile	1 mile = 1.61 Kilometer
pint	1 pint = 0.57 Liter
pound	1 lb. = 454 Gramm
yard	1 yard = 0.9144 Meter

GESCHWINDIGKEITEN

Innerorts	30 MPH (miles per hour) = 48 km/h
	40 MPH = 64 km/h
Ausserorts	60 MPM = 96 km/h
Autobahn	70 MPM = 112 km/h

WÄHRUNG

Englische Pfund	1 Pfund ≈ 1,50 € Stand März 2004 bitte beachten Sie Wechselkursschwankungen

KLEINES WÖRTERBUCH

DIE WELT DES WHISKY

WHISKY
Ist ein Destillat auf Getreidebasis, hergestellt nach einer schottischen (Scotch) oder irischen (Irish Whiskey) Methode. Whisky wird auch in Australien, Kanada, der Tschechischen Republik, in Frankreich, Deutschland, Japan, Neuseeland, Pakistan, der Schweiz und in den USA produziert. Ausser Schottland sind Kanada, Irland, Japan and die USA als Produktionsstandorte volumenmässig von Bedeutung.

SCOTCH
Dieser Ausdruck ist international geschützt. Er darf nur für Whisky verwendet werden, der seinen Ursprung in Schottland hat. Alle anderen Produzenten – auch diejenigen in England und Wales - dürfen den Markennamen nicht verwenden. Scotch Whiskys schmecken nach Schottland, Heidekraut, Torf und dem wilden Meer.

GRAIN WHISKY
Grain-Whisky unterscheidet sich stark von Malt Whisky. Während ein Malt Whisky aus Gerste hergestellt ist, wird zur Produktion eines Grain Whisky eine Mischung aus gemälzten und ungemälzten Weizenkörnern verwendet. Die meisten der acht grossen, industriell organisierten Grain Whisky-Destillerien in Schottland befinden sich in den Stadtgürteln von Glasgow und Edinburgh. Sie produzieren grosse Mengen an Grain Whisky, der hauptsächlich in die Herstellung von Blended Whisky fliesst.

BLENDED WHISKY
Blended-Whiskys bestehen aus einer Mischung mit unterschiedlichem Gehalt an Malt- und Grain-Whisky. Um den Blend in der gewünschten hohen Qualität über Jahre zu gewährleisten, wählt der Master Blender und sein Team die richtigen Fässer für die Mischung aus. Aus Schottland gibt es über eintausend verschiedene Blended Whiskys. Diese Abfüllungen dominieren noch immer den globalen Whisky-Markt.

SINGLE MALT
In Schottland wird zur Herstellung eines Malt immer Gersten verwendet. Traditionellerweise wird dieser über dem Torffeuer getrocknet. Torf ist in Schottland ein weitverbreiteter Brennstoff, er verleiht dem Whisky seinen charakteristischen Rauchgeschmack. Unter einem Single versteht man ein Whisky aus nur einer Destillerie. In vielen Fällen stammt die Abfüllung aus verschiedenen Fässern und Produktionschargen.

VATTED MALT

Vatted-Malts gehören weder zu den Singles noch zu den Blends. Sie werden von Händlern und Grossisten hergestellt, die mit verschiedenen Malt-Destillerien zusammenarbeiten. Ein Vatted Malt kann Whisky aus bis zu einhundert verschiedenen Fässern enthalten. Dieser Whiskytyp hat eine lange Tradition, waren doch die ersten Blends im 19. Jahrhundert eigentliche Vatted Malts. Einige dieser Spezialitäten werden nach ihrer Mischung nochmals in Holz gelagert, um sich weiter "zu verheiraten".

INHALT

  V Vorwort

  V Begegnungen in Schottland

 VII Im Norden unterwegs

VIII Bemerkungen zur britischen Küche

  IX Zu Ihren Diensten: über den gebrauch dieses Buches

  XI Index:
      Die Städte und Hotels

   1 Die Gast-Häuser und historischen Hotels

192 Kleines Wörterbuch

196 Die Welt des Whishy

198

Lieber Leser dieses Hotelführers

Wenn Ihnen auf ihren Reisen „Historische Gast-Häuser und Hotels" aufgefallen sind, die unbedingt
in unsere Bücher aufgenommen werden sollten,
dann lassen Sie uns dies wissen. Wir freuen uns über
Ihre Tipps und Hinweise.
Bitte teilen Sie uns auch Ihre Meinung zu diesem
Titel mit. Wir sind für Anregungen stets dankbar.

Vielen Dank für Ihre Aufmerksamkeit.
Hoffmann Verlag

Weilimdorfer Str. 76, D-70839 Gerlingen
Postfach 10 01 23, D-70826 Gerlingen
Tel. 0 71 56 / 43 08 39 · Fax 0 71 56 / 43 08 27
E-Mail: info@hoffmann-verlag.de
Internet: www.hoffmann-verlag.de

Whiskyship Zürich / Schweiz

Das Whisky & Cigar Festival auf sechs Schiffen

Seit 1999 gibt es diese einzigartige Veranstaltung auf dem romantischen Zürichsee. Hauptattraktion sind die sechs Schiffe mit einigen hundert feinen Malt Whisky und Zigarren zum probieren. Eine Whiskybrennerei, ein feines Bistro mit LOCH FYNE Rauchlachs und über 40 kompetente Aussteller bilden das Herzstück dieses tollen Festivals während vier Tagen.

Hier finden Sie das aktuelle Datum: www.whiskyship.com oder Telefon: ++41(0)41 727 70 90

Reisen und genießen in Europa

weitere Titel aus der Reihe Historische Gast-Häuser und Hotels

Beat Winterflood
Historische Gast-Häuser und Hotels
Schottland & Nordengland
1. Auflage

HOFFMANN VERLAG

■ **Belgien, Niederlande, Luxemburg**
von Herro Brinks
1. Auflage
226 Seiten, gebunden
€ 18,-/CHF 30,50
ISBN 3-927109-74-6

■ **Deutschland**
von Julia Schrader
6. überarbeitete und erweiterte Auflage
336 Seiten, gebunden
jetzt mit GPS
€ 19,-/CHF 32,-
ISBN 3-927109-97-5

■ **Frankreich**
von Halwart Schrader
1. Auflage
240 Seiten, gebunden
€ 18,-/CHF 30,50
ISBN 3-927109-96-7

■ **Italien**
von Susanne Wess
1. Auflage
232 Seiten, gebunden
€ 18,-/CHF 30,50
ISBN 3-935834-03-9

■ **Österreich**
von Th. Plaichinger
4. überarbeitete und erweiterte Auflage
300 Seiten, gebunden
€ 18,-/CHF 30,50
ISBN 3-927109-90-8

■ **Schweiz**
von Th. Plaichinger
3. überarbeitete und erweiterte Auflage
280 Seiten, gebunden
jetzt mit GPS
€ 18,-/CHF 30,50
ISBN 3-927109-91-6

HOFFMANN VERLAG
Weilimdorfer Straße 76
70839 Gerlingen
Tel. (0 71 56) 43 08 - 16
Fax (0 71 56) 43 08 - 40
www.hoffmann-verlag.de

NOTIZEN

NOTIZEN